家族のための有料老人ホーム基礎講座◆目次

第2部　ホーム選び篇

第3章　有料老人ホーム選びの基本　86

第4章　入居者・家族の状況を確認する　105

はじめに

介護保険制度が発足してから6年が過ぎようとしています。福祉施策・行政措置だった時代にくらべると、介護サービスを受けることは権利として定着してきました。また、老人ホームに対する意識も大きく変わりました。「両親の介護は家族の仕事」「老人ホームに入るのはかわいそうな人」と考えられていた時代もありましたが、「介護が必要になったら有料老人ホームに入りたい」「自由気ままに暮らすために老人ホームに入りたい」という積極的な意見も増えています。

そのニーズの高まりの中で急増しているのが有料老人ホームです。これまで有料老人ホームと言えば、入居一時金が数千万から数億円といった一部の富裕層のみを対象としたものが中心でしたが、最近では、入居一時金が500万円程度のホームや、一時金が不要のホームも増加しています。行財政難で特別養護老人ホームの増加は見込めないことから、少子高齢化・核家族化が進む中で、これからの高齢者の暮らしの場として、有料老人ホームが大きくクローズアップされてくることは、まちがいありません。

しかし、いざ探し始めようとすると、「ケア付高齢者住宅」「ケアハウス」「介護付有料老人ホーム」など、老人ホームにもさまざまな名称があることや、制度や法律が分かれていることから、「その違いがよくわからない」「どのような視点で選べばよいかわからない」、という相談が多く寄せられています。また、注目が高まる一方で、制度や法令が変更途中にあり、行政の監視が十分に行き届いていないことや、新規参入で事業ノウハウに乏しいホームも多いことから、契約やサービス内容をめぐってのトラブルも急増しています。

有料老人ホームは、超高齢社会を迎えるにあたって必要不可欠なのですが、理想のホームを選ぶための情報は、まだ十分に行き渡っていないのです。

その現状を踏まえ、本書は、これから有料老人ホームを選ぶ入居者・家族を対象にした実務書として、以下の四点に力を入れています。

(1) 介護の必要な高齢者・家族を対象

介護保険制度の導入によって、介護が必要な両親のために、子供や家族が、介護サービスを受けられる有料老人ホームを探すというケースが増えています。介護の問題は、ある日突然発生することが多いため、病院からの退院促進を受けて、あわてて探している家族も多いようです。本書は、有料老人ホームへの入居を希望している本人ではなく、主に、介護が必要な高齢者を抱える家族を対象としています。家族の視点で有料老人ホームを選ぶポイントや、「介護付・住宅型」といった制度上の違いだけでなく、それらの介護システムの長所・短所について詳細に解説しています。

(2) 実務と流れを重視

特に、介護が必要な高齢者を対象とした有料老人ホーム選びの場合、「ゆっくり探す時間がない」「何から始めればよいかわからない」という意見が多いのが特徴です。だからと言って、準備をしないで見学しても、ホームの説明を一方的に聞くだけとなり、「感じが良い」「雰囲気が明るい」などの主観的なイメージだけで選ぶことになってしまいます。本書では、事前準備のポイントから見学・契約まで、有料老人ホーム選びの実務の流れにそって、注意するポイントや確認すべき事項について、解説しています。

(3) 有料老人ホームの基礎知識を充実

有料老人ホーム選びがむずかしいと言われる最大の理由は、他に類例のない新しいサービスだということです。有料老人ホーム選びは、ほとんどの人が初めての経験なのですが、入居一時金制度や終身利用権など、他の商品にはない独自のシステム・権利が設定されており、それぞれに契約内容が違うために、説明を受けても一度でなかなか理解することはできません。また、それぞれの老人ホームの名称とサービス内容が一致しないこともホーム選びを困難にさせる原因となっています。本書では、「特別養護老人ホームとの違い」「リスクとトラブル」「介護保険制度と有料老人ホーム」など、有料老人ホームを選ぶ上での基礎知識を、事例をまじえてわかりやすく解説しています。また、２００６年度（平成18年度）の制度改正に対応した最新情報やこれからの方向性についても言及しています。

⑷ 重要チェックポイントを詳解

有料老人ホームでは、食事・介護・生活相談などのサービスが複合的に提供されており、また、それぞれのホームで個々にサービス内容は違います。ですから、入居される高齢者にとって必要なサービスが提供されているのかをチェックすることが重要になってきます。本書では、「月額費用の内容」「入居一時金」「介護体制」「経営体質」など、重要チェック項目を8段階に分けて、詳細に解説しています。対象となるホームによっては、すべての項目が必要なわけではありませんが、重要ポイントをチェックすることによって、より有料老人ホームというサービスが理解できるようになっています。

有料老人ホームは、「豊かで快適な老後を過ごす場所」であると同時に、人生最後の大きな買い物です。しかし、公的な福祉施設ではありませんので、有料老人ホームを選んだ責任は、すべて入居者・家族にかかってきます。ですから、執筆にあたっては、「できるだけ簡単に」

ではなく、「できるだけ詳細に・わかりやすく」を主眼に置いています。

家族のために老人ホームを探しておられる方、そして、これから入居されるご本人の快適な老人ホーム生活のために、本書がお役に立てることを、心から祈っています

第1部 基礎知識篇

第１章　有料老人ホームとは何か

介護保険制度の導入や高齢者のニーズの多様化によって、有料老人ホームのサービスは大きく変化しています。ここでは、有料老人ホームは何かということを中心に、特別養護老人ホームとの違いや、トラブルやリスクなどについて、解説します。

1　進化する有料老人ホーム

▼介護保険制度の導入によって、介護の必要な高齢者を対象としたホーム急増
▼一部の富裕層対象から、ニーズの多様化に対応できるサービスへ大きく変化

両親・家族の介護の問題はある日突然やってきます。介護が必要になっても、住み慣れた自宅で暮らしたいと考える人は多いのですが、段差が多い日本家屋での一人暮らしは高齢者に適しておらず、また、少子化・核家族化が進んでいるために、家族による介護がむずかしくなっ

ているのが現実です。一方で、行財政の悪化により、特別養護老人ホームなどの福祉施設の増加が見込めないことや、要介護期間の長期化も伴って、高齢期をどのように暮らすか、また、どこで暮らすかは、本人だけでなく家族にとっても、大きな課題となっています。

そのような状況の中で注目が集まっているのが、有料老人ホームです。2005年（平成17年）12月に厚生労働省から発表された社会福祉施設等調査によれば、2000年（平成12年）は350ホーム（定員3万7467名）だったものが、2004年（平成16年）には1045ホーム（定員7万6128名）と、大都市部を中心に、ここ5年の間に3倍以上の有料老人ホームが開設されています【図1－1】。今後も、需要の拡大を見込んで、多くの有料老人ホームの開設が予定されています。

この有料老人ホームが法律上整備されたのは、1963年（昭和38年）の老人福祉法です。バブル期には専用のプールや豪華なレストラン、ビリアード、シアタールームなどを完備した入居一時金が数千万円～数億円という一部の富裕層向けの超高額ホームが多く開設されました。そのため、今でも有料老人ホームといえば、この高額な老人ホームをイメージする人が多いのですが、介護保険制度発足以降、ここ数年で増加している有料老人ホームは、それまでのホームといくつかの点で大きく変化しています。

一つは、対象となる高齢者像です。介護保険制度が始まるまでは、富裕層の自立した高齢者が、退職などを契機に元気な時から入居し、自由に悠々自適な生活を満喫するための有料老人

図1−1　ここ数年で急増する有料老人ホーム

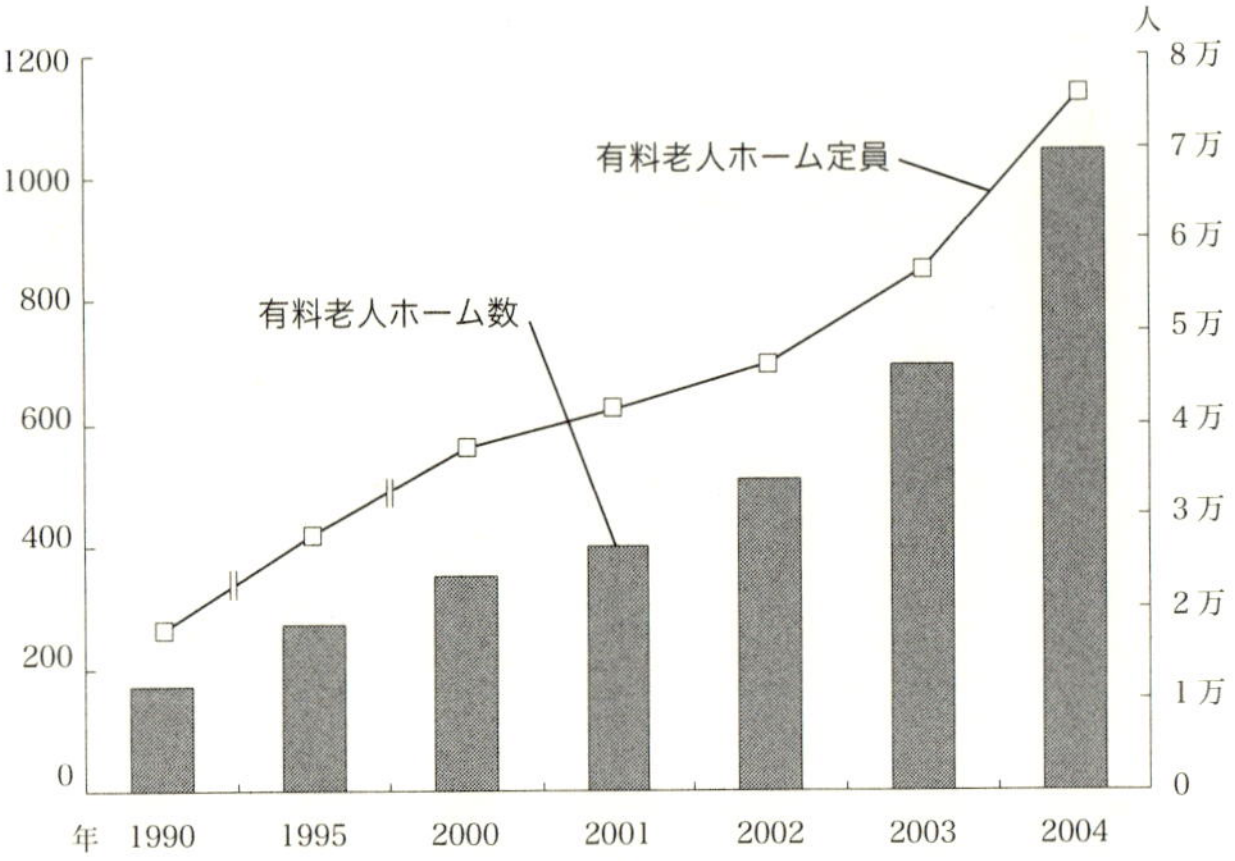

出所）厚生労働省『平成16年　社会福祉施設等調査結果の概況』

ホームが中心でした。しかし、介護保険制度以降は、自宅で生活することが困難となったために、手厚い介護サービスを受けることを目的に、有料老人ホームを探す人が増加しています。これは、要介護高齢者専用の福祉施設である特別養護老人ホームの数が少なく、入所することがむずかしいことに加え、特養ホームのプライバシーが確保されない四人部屋を嫌う人が増えていることも大きな要因です。この変化に伴って、これまでは入居を希望する高齢者本人が、ゆっくりと自分の気に入った有料老人ホームを探すというのが一般的でしたが、最近では、病院からの退院の催促や自宅での家族介護が困難となり、子供や家族があわてて探しているというケースが増えています。

もう一点はサービス内容と価格の変化です。これまでの悠々自適な生活を送るための有料老人ホームは、夫婦でも入居できる1LDK、2LDKといったマンションタイプのものが基本で、豪華な設備や、豪華な食事がセールスポイントでしたから、入居費用は高額なものになっていました。しかし、介護保険制度ができる以前は、十分な介護サービスの提供を想定しておらず、重度の介護が必要になると退居を求められたり、老人ホームに戻れずに、長期入院を余儀なくされるなどのトラブルも発生していました。

一方、介護保険制度以降の要介護高齢者を対象とした有料老人ホームは、一人ずつの入居が基本のため、8畳〜10畳程度のワンルームで、リビングや浴室は共用というタイプのものが多くなりました。建物や設備などのハードの豪華さではなく、介護保険制度を利用したサービス内容の充実にその重点が移っています。そのため、入居一時金は300万円〜500万円程度と、住居部分にかかる入居一時金が低く抑えられており、中には入居一時金が必要ないホームも登場しています。また、月額費用も食事や介護サービス費用を含め20万円以下のホームが増えています【図1-2】。

そして、現在、その変化は、こうした「自立高齢者対象から要介護高齢者対象へ」「富裕層対象から中間層対象へ」にとどまりません。サービスを受ける高齢者・家族のニーズの多様化によって様々なタイプの有料老人ホームが誕生しているのです。介護が必要な高齢者を対象とした有料老人ホームも、そのサービス内容は一律ではありません。多くの介護スタッフを配置し、手厚い介護サービスを提供しているところもありますし、診療所を併設したり、看護師を

図1−2　有料老人ホームの変化

	これまでの有料老人ホーム	現在主流の有料老人ホーム	これからの有料老人ホーム
対象者	自立した元気高齢者	要介護高齢者	サービス・価格の多様化がさらに進む
主なニーズ	悠々自適な生活	手厚い介護サービス	
探している人	入居希望者本人	子供や家族	
部屋の間取り	1LDK、2LDKの豪華マンションタイプ	ワンルームタイプ 食堂・浴槽は共用	
価格（入居一時金）	数千万〜数億円	３００万円〜５００万円	

24時間配置して、経管栄養や胃ろうなど、これまでは対応がむずかしいとされていた医療ケアが必要な高齢者に対応できるホームが開設されています。また、元気な高齢者を対象とした有料老人ホームでも、将来的に重度の介護が必要となった場合や認知症となった場合でも住み続けることができるよう、追加費用なしで介護専門居室に住み替えることができるホームもあります。

この２００６年度（平成18年度）には、医療制度改革により、これまで認められていなかった医療法人の有料老人ホーム事業参入解禁、老人福祉法の有料老人ホームの規定改正、有料老人ホームなどの高齢者住宅に対する介護保険報酬の改定など、様々な制度改正が進められており、有料老人ホームの可能性は更に広がっていきます。今後は、駅前の病院の上層階が有料老人ホームに改装されたり、糖尿病の高齢者専用の老人ホーム、人工透析の医院に併設したホーム、ペットと同居できる有料老人ホームなど、細かな高齢者のニーズに合わせた、様々なタイプの有料老人ホームが計画されていくでしょう。

有料老人ホームは、これまでのイメージとは全く違うサービスに変化しており、その価格やサービス内容は、高齢者のニーズの多様化によって大きく進化しているのです。

2 有料老人ホームとは何か

▼有料老人ホームは、高級老人ホームではなく「その他の老人ホーム」の総称
▼名称や言葉上のイメージに惑わされないことが大切

最近は、ニーズの高まりにつれて、テレビ、新聞でも、高齢者住宅や老人ホームのニュースが多くなってきました。その一方で、高齢者住宅や高齢者施設については、様々な法律や制度があり、その定義や区分が分かれていることや、ケアホーム、高齢者マンション、宅老所など、様々な名称のものがあり、記事の中でも用語の使われ方がまちまちだったりするために、「何となくイメージができるが、いざ探し始めると、その違いがよくわからない」という相談が多くなっています。

有料老人ホームは、「有料」という言葉から、「高級な老人ホーム」「特別養護老人ホーム以上のサービスを提供する老人ホーム」だと考えている人が多いのですが、最近では、このイメージが、逆に有料老人ホーム選びを失敗させる原因となっています。ここでは、私の視点で、簡

単に「有料老人ホーム」とは何かを整理しておきます。

有料老人ホームは、老人福祉法の中で「常時10人以上の老人を入所させ、食事の提供その他日常生活上必要な便宜を供することを目的とする施設であって老人福祉施設ではないもの」と定義されています。その定義に当てはまるものは都道府県への届け出が義務付けられています。

しかし、この規定を悪用して届け出を逃れる老人ホーム（「有料老人ホーム類似施設」）が多くなったことから、2006年（平成18年）に、この規定「10人以上」という人数制限は解除され、また「食事の提供」だけでなく「介護サービスの提供」も明記されるように改定される予定です。

ですから、有料老人ホームとは、

①高齢者専用の集合住宅
②住宅に合わせて食事・介護サービスなどの生活上の便宜を図っている
③老人福祉施設以外

の三点を満たす高齢者専用の住宅だということになります【図1-3】。

まず、高齢者住宅とは、高齢者専用の住宅という意味ですが、高齢者が生活しているということだけではなく、バリアフリー、手すり、廊下幅など、建物や設備において、高齢者が生活しやすいように、配慮された集合住宅だと定義することができます。最近増えている「高齢者

図1-3　高齢者住宅と老人ホーム

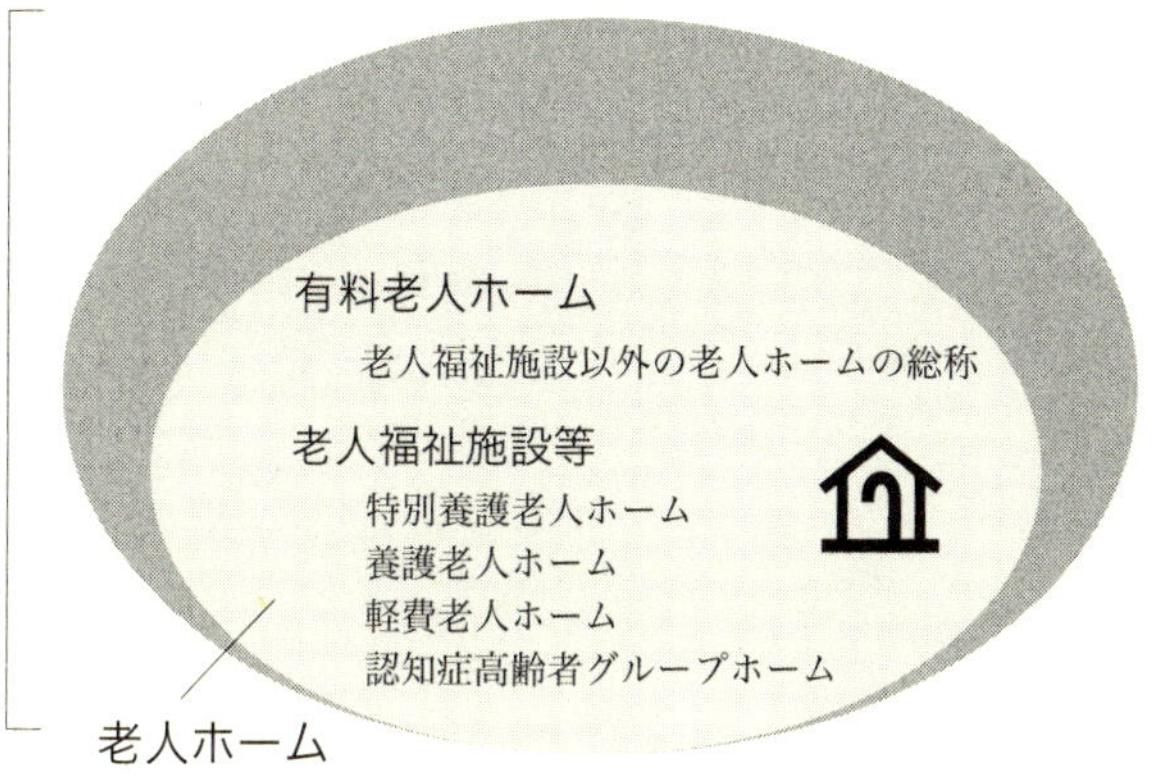

向け優良賃貸住宅」（高優賃）は、「高齢者の居住の安定確保に関する法律」にもとづいて、建設に対する補助や、入居者に対しては所得に応じて家賃補助が受けられるなどの公的な支援制度を含んだ高齢者住宅です。

次に老人ホームとは、この高齢者住宅という定義に加えて、食事・介護などのサービスが、住宅部分に合わせて契約されるものを言います。高齢者用の住宅と同じ建物の中にレストランやホームヘルパーを派遣する訪問介護サービス事務所などのテナントがあっても、食事の提供や訪問介護が別途個別契約で、一体的に提供されていない場合は、老人ホームではありません。先ほどの高優賃も、バリアフリーなど高齢者に適した集合住宅というだけでは老人ホームではありませんが、この住宅提供に付属して介護サービスや食事等のサービスの契約・提供を行う場合は、老人ホームのカテゴリーに入ることになります。

住居環境を提供する老人福祉施設は、老人福祉法の中で定められており、「特別養護老人ホーム」「養護老人ホーム」「軽費老人ホーム（ケアハウスを含む）」があります。これらの「施設」は、入所（つまり居住環境の提供）を行っていますが、一般の住宅とは違い、法律・制度によって特定の目的をもってつくられた建物・設備であり、「住宅」とは区別されています。

ですから、有料老人ホームとは、図1-3の通り、老人ホームの中で、老人福祉施設以外でも、老人福祉施設として規定された三施設以外の老人ホームのことを指します。ただし、福祉施設以外でも、認知症の高齢者が助け合いながら共同生活を行っている「認知症高齢者グループホーム」は、一つの制度として確立されていますから、これも除外してよいでしょう。

つまり、有料老人ホームとは、行政に届け出がなされているのか否かにかかわらず、特別養護老人ホームやケアハウスなどの規定された「老人福祉施設」と「認知症高齢者グループホーム」以外の「その他の老人ホーム」の総称なのです。

介護保険制度前やバブル期においては、有料老人ホームは「高級・高額老人ホーム」だと言っても、イメージとして大きく外れることはなかったのですが、述べたように、そのサービス内容・価格ともに、大きく変化し多様化していますから、これから有料老人ホームを探す場合には、その特徴として、以下の三点を理解しておく必要があります。

一つは、有料老人ホームは、それぞれにサービス内容や価格は違うということです。介護が必要な高齢者を対象とした有料老人ホームと言っても、介護サービスの内容や手厚さは、有料老人ホームごとに異なっていますし、部屋の広さや居室内の設備などもホームによって違います。また、入居一時金の額や、月額費用も有料老人ホームごとに決められています。有料老人ホームには、決まった形はなく、そのサービス内容は千差万別だということです。

二つ目は、様々な権利や名称の有料老人ホームが存在するということです。住宅部分の権利については、分譲形式（所有権）や入居一時金による終身利用権、一般賃貸などの様々な形態のホームがあり、名称も介護ホーム、高齢者サポート住宅、ケアホームなど、様々な名前が付けられていますが、除外した四つの老人ホーム以外はすべて有料老人ホームです。その他、(財)高齢者住宅財団が認定しているシニア住宅など、様々な他の住宅制度とリンクした老人ホームがありますが、これも有料老人ホームの一つだと言ってよいでしょう。

もう一つは、名称からくるイメージに左右されないということです。有料老人ホームは、高級老人ホームの代名詞ではありませんし、特別養護老人ホームなどの福祉施設より水準の高いサービスが約束されているわけでもありません。食事は別途契約が必要な有料老人ホームもありますし、介護が必要になると退居を求められる有料老人ホームもあります。また、詳細は第2章で後述しますが、「介護付有料老人ホーム」と言っても、これは制度的な名称で、十分な介護サービスが提供される有料老人ホームだという意味ではありません。ケアホーム、介護ホームなども同様です。

有料老人ホームは、「その他の老人ホーム」の総称で、個々にサービス内容は違いますから、「どこかの有料老人ホームに入りたい」「介護付有料老人ホームに入りたい」など、名称や制度で選ぶことは、基本的に間違っています。イメージや名称に惑わされず、様々なタイプ・価格の有料老人ホームの中から、どの程度の価格で、どのようなサービスを受けたいのかを整理して、入居者や家族のニーズに最も合ったホームを、しっかり比較して判断するという視点が必要なのです。

3　有料老人ホームと特別養護老人ホームとのちがい

▼特別養護老人ホームは、行政の責任で行われる福祉施設
▼有料老人ホームは、営利目的で運営されている高齢者のための集合住宅

有料老人ホームを探している人の中には、「特別養護老人ホームに入れないので有料老人ホームを探す」というケースも増えています。入居する高齢者や家族に合った老人ホームを選ぶ上でも、有料老人ホームと福祉施設と何が違うのか、どこが違うのかを理解することは重要です。ここでは、特別養護老人ホームとの違いを中心に、そのポイントを整理しておきます【表１－１】。

⑴ 役割の違い

表1－1　特別養護老人ホームと有料老人ホームの違い

	特別養護老人ホーム	有料老人ホーム
運営主体	社会福祉法人・市町村等一部の公益法人のみで認可制	株式会社等の一般法人も可能
運営補助	税制優遇・建設補助あり	補助制度なし
目的	高齢者に対する福祉事業	営利を目的とした事業
サービス内容	老人福祉制度により規定	各ホームで自由に設計
価　　格	福祉施策・介護保険法により規定 低所得者に対する減額制度あり	各ホームで自由に設定 低所得者に対する減額制度なし
入居基準	行政指導による入居者基準あり 重度要介護等、緊急性を要する高齢者を優先的に入居	各ホームで自由に設定

特別養護老人ホームと有料老人ホームの基本的な違いは、行政が行う福祉施策の一環として作られているのか、営利目的の一般サービスとして作られているのかということです。福祉施策は民間の一般サービスだけでは対応することができない社会的弱者に対する施策で、憲法に定められた生存権（最低限度の生活を保障する）にもとづいて国や地方公共団体の責任で行われています。ですから、その開設・運営は市町村や特別に認可された社会福祉法人などの一部に限られ、その建設には補助金（税金）が使われています。特別養護老人ホームの役割は、介護が必要な高齢者の一般住居ではなく、「常時、重度の介護が必要な状態だが家族がおらず自宅で生活できない」「介護虐待を受けている」など、最低限の生活を行うために、緊急的に支援が必要な高齢者のための施設というのが原則です。

一方の有料老人ホームは、一般のマンションやアパートと同じように、営利目的で経営されている高齢者を対象とした（食事・介護などの）サービス付住宅です。ですから、入居者が集まらなかったり、事業運営に失敗すれば、倒産したり事業閉鎖となる可能性があります。

⑵ サービス内容

特別養護老人ホームなどの福祉施設は、行政責任で行われる福祉政策の一環として行われているのですから、行政の定めた基準に従って建設し、定められたサービスを提供することが原則です。

介護保険制度の改定で、特別養護老人ホームの食費や住居費はホームとの個別契約ということになりましたが、「ある特別養護老人ホームは、豪華な食事を出すので他の特別養護老人ホームよりもたくさん食費を徴収する」ということが実際に可能かと言えば、そうすればお金のない人は入れなくなりますから、社会的弱者に対する福祉施設ではなくなってしまいます。介護サービスなどのその他のサービスについても同様で、ホーム独自の判断で基準以上のスタッフを雇用し、より手厚い介護サービスを提供することは可能ですが、その費用の負担を利用者に求めることはできません。つまり、福祉施設である以上、独自でそのサービス内容を変更し、それに応じて価格を設定することはできないので、ほぼ一律の価格で同程度のサービスが提供されることになります。

一方、有料老人ホームは、福祉施設ではなく民間のサービスですから、建物のグレード、食事サービス、介護サービス、医療サービスなど、ハード・ソフトの両面で多くの部分について自由に計画することができます。事業者の判断で、地域の高齢者のニーズに合わせて、居室を広くしたり、食事の質を上げ選択の幅を増やし、それに応じた価格設定を行うことが可能ですし、逆に、特別養護老人ホームのサービスには含まれている食事や介護などの基本サービスを、個人の別途契約として有料老人ホーム自体で行わないことも可能です。

つまり、同じ要介護高齢者を対象にした老人ホームだとしても、特別養護老人ホームは、福祉施設ですから、介護が必要な高齢者が生活するための必要最低限の機能を集約させたパッケージサービスだと言えます。一方、有料老人ホームは、地域性やニーズの多様化にあわせて、様々な生活サポートサービスを「どのようにサポートするか」「どの程度サポートするか」について自由に組み合わせることのできる自由設計サービスだと言えます。

(3) 入居基準の違い

有料老人ホームは民間の経営ですから、その入居者選定の基準は、そのホームごとに決定されます。一般的には、要介護状態によって分類されており、「入居時＝自立のみ」「入居時＝要介護のみ」「どちらでも可」という三タイプに分かれていますが、その他の入居基準については、有料老人ホームごとに違いますし、独自に設定することが可能ですので、それぞれに確認が必要です。

逆に、特別養護老人ホームは、緊急に支援が必要な高齢者のために、行政サービスの一環として運営されている福祉施設ですから、公平性を保つために一定の基準が示されています。介護保険法で、特別養護老人ホームの対象は、要介護1以上の高齢者に限るとされていますから、以前は、要介護状態であれば、その申し込みの順番に入所してもらうということが基本でした。しかし、現在は、申し込み順序ではなく、より緊急度の高い高齢者から先に入所させるようにという指導がなされています。

緊急度は、「要介護4～5の重度要介護高齢者」「家族などの介護者がいない」など、いくつかのポイントが総合的に判断されます。しかし、「家が狭い」「介護疲れ」など、個別の要因は反映されにくくなりますし、今後も重度要介護の高齢者は増えていきますので、要介護2～3程度の中度要介護高齢者は、状況に大きな変化がない限り、特別養護老人ホームへの入所はむずかしいと言えるでしょう。

(4) 価格の違い

特別養護老人ホームの費用と有料老人ホームとの価格（自己負担）の違いを考える際のポイントは、二つあります。

一つは、福祉施設には、低所得者に対する減額規定があるということです。特別養護老人ホームの費用負担は前年度の収入などによって4段階に分けられており、生活保護受給者などの低所得者に対しては、小さな自己負担となっています。しかし、有料老人ホームは民間の営利目的の事業ですから、一般的にこのような減額・免除の規定はありません。（一部の地域で住宅供給公社などが行っている老人ホームでは住宅について減額規定があるところもあります）
もう一点は、その中身です。福祉施設の場合、サービス内容は同じですから、個人的に選択したレクリエーションなどのサービスを除いて、ほぼ一律の費用になりますが、有料老人ホームは、サービス内容が違いますので、それぞれのホームで入居一時金や月額費用は違います。
また、この価格は各有料老人ホームとの契約で決められますから、二つの有料老人ホームが全く同じサービスを提供していても、同じ価格だとは限りませんし、逆に、月額費用が同じだからと言って、同じ内容のサービスが提供されるわけではありません。

4　有料老人ホームの価格

▼入居一時金は、有料老人ホーム特有のシステム
▼入居一時金・終身利用権方式の意味を理解することが重要

有料老人ホームに入居するためには、一般的に「入居一時金」と「月額費用」が必要ですが、その中身がわからない、どのように比較すればよいかわからないと言う相談をよく受けます。

中には、「A市で、一時金1000万円で、月額費用が25万円なのですが、相場から見て高い

図1－4　有料老人ホームの価格構成

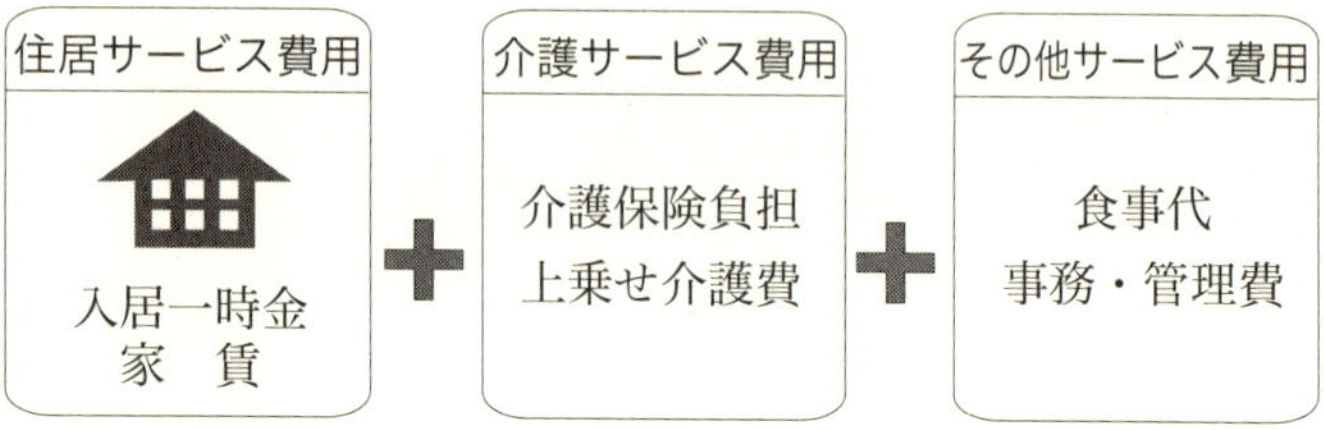

ですか？」という質問がありますが、述べたように、有料老人ホームは、それぞれにサービス内容が違いますから、その総額だけを比較して、割高・割安ということは判断できません。

この有料老人ホームの価格を理解するためのポイントは二つあります。

(1) サービスの内訳

一つは、価格の中に含まれるサービス内容の内訳を見るということです。有料老人ホームのサービスと価格との関係を分けたものが図1－4です。

まず、住宅サービス費用ですが、基本的は賃貸方式が一般的です（それぞれの居室を分譲して所有権を移転するホームもごく稀にあります）。その家賃は、一般の賃貸住宅と同じように、土地の価格と建物の価格、設備などの原価から計算されます。ですから、一般的には都市中心部の立地で、部屋が広く、建物や備品のグレードが上がると値段も高くなりますし、その逆だと安くなります。最近は、社員寮や学生アパートを改装したホームも多くなっていますが、これも価格を抑える要因です。

次に介護サービス費用ですが、受けた介護サービスに対して、介護保険制度が適応される場合は、利用した介護サービスの1割だけが自己負担となります。しかし、介護保険制度は、介護の基本部分だけを保障する制度ですから、より手厚い介護サービスを希望する場合は、その手厚さに応じたそれ以外の費用（上乗せ介護費用）が必要となります。第2章で詳解しますが、介護付有料老人ホーム、住宅型有料老人ホームなどの類型（介護保険の利用方法）や、どのくらい介護が必要な状態か（要介護度）によって、支払額は違ってきます。

その他のサービス費用については、食事代、事務管理費、有料老人ホームごとの特別なサービスの費用が含まれます。食事代は、要介護高齢者を対象とした有料老人ホームでは、月額費用の中に含まれているケースが多いようですが、中には、同一建物内にあるレストランとの別途契約となるホームもあります。事務・管理費は、施設の事務人件費や施設維持管理にあてられる費用です。

一般的にはこのような価格構成になっていますが、ホームによってその表記方法や月額費用の中に含まれているサービス内容は違いますから、有料老人ホームの価格は、「月額費用○○万円」と総額を見るだけではなく、その総額の中に何のサービスが含まれているのか、どのサービスにどの程度の費用を支払うのか、という内訳を考える必要があるのです。

表1-2　入居一時金の例

入居一時金	900万円
保証金（初期償却金）	20%（180万円）
償却期間	6年（72ヵ月）
償却方法	期間内で均等償却（月単位）
終身利用権	あり

(2) 入居一時金

有料老人ホームの価格で、もう一点注意しなければならないのは、入居一時金です。

有料老人ホームの住宅サービスにかかる部分の対価として、賃貸方式が基本だと述べましたが、通常の賃貸方式ではなく、多くの有料老人ホームは、「入居一時金方式」を取っています。

この入居一時金方式は敷金・保証金などと一緒に、入居後の一定期間の家賃を入居時に一時金として前払いさせる方法で、有料老人ホーム特有のシステムです。そして、この入居一時金方式を採っているホームでは、入居一時金に「終身利用権」という意味を持たせているのが一般的です。終身利用権とは、「入居一時金及び月額費用を支払うことにより、専用居室・共用施設・その他各種サービスを終身にわたり利用できる権利」とされています。その権利は、入居者一代限りのもので、所有権ではないために、相続・譲渡・転貸・担保設定などはできないと契約で規定されているのが一般的です。

この終身利用権付の入居一時金方式の場合、入居一時金は「数百万円～数千万円」と高額に設定されています。「終身利用が可能」

ということで安心感はありますが、入居者の都合で短期間に退居する場合や、入居して間もなく亡くなってしまった場合は、どうなるのでしょうか。その場合、多くのホームでは入居期間に応じて支払った入居一時金の一部が戻ってくる規定となっています。一例をあげると、支払った入居一時金の内訳は次のようになります【表1－2】。

まず、支払った入居一時金のうち、保証金部分は入居時にホームが受け取ります。初期償却と呼ばれるものです。例では、一日でも入居すれば20％（180万円）の初期償却金は、返還されません。

入居一時金から初期償却を引いた残金の720万円が、有料老人ホームの定めた償却期間（6年間）で、その期間の家賃として充当されていきます。つまり、この720万円が家賃の前払いなのです。ですから、償却期間内で退居する場合は、その一部が返還金として戻ってくることになります。例の場合、均等償却ですから、たとえば2年（24ヵ月）で退居する場合、48ヵ月分の480万円が返ってきます。

（720万円÷72ヵ月）×（72ヵ月－24ヵ月）＝480万円

ところで、この入居一時金は、一定期間（償却期間）の前払いですから、その期間を超えて入居を続ける場合には追加の家賃や新たな一時金が必要になるのでしょうか。この例の有料老人ホームの場合、入居一時金に終身利用権の意味を持たせて、入居一時金を支払うことによって終身利用できる権利を取得しているとして、追加の費用は請求しないということになっているのです。

この終身利用権という言葉は、有料老人ホーム選びの中で、よく耳にする用語です。しかし、注意しなければならないことは、説明の中に「一般的に……」と断っているように、終身利用権という権利は、所有権や賃借権などのように法律で規定され、守られている権利ではなく、有料老人ホーム業界の用語で、それぞれの有料老人ホームとの契約で決められる権利だということです。ですから、その定義や権利の内容は、個々の有料老人ホームとの契約によって違います。万一、管理費などの月額費用が支払えなくなった場合や、他の契約条項に定められた退居要件に該当する場合は、終身利用権を根拠に入居を続けることはできず、退居を求められることになります。

また、わかりやすくするために一例を挙げましたが、この入居一時金についても、ホームごとに価格設定や価格の表記方法が違います。その名称や含まれる意味、内容、初期償却の金額、償却期間などはホームごとの契約で決められていますので、一つひとつ確認しなければなりません。

最近は、入居時に多額の一時金を取らずに、賃貸住宅と同じように家賃を月額で徴収する「月ぎめ家賃方式」のホームもありますし、一時金を抑えて家賃を併用している「併用方式」や入居者が自分でどちらかの方式を選択できる「選択方式」のところも増えています。

この入居一時金・終身利用権方式は、有料老人ホームの独自の方法と言ってよく、初めて有料老人ホームを選ぶ人にとっては、非常にわかりにくく、あいまいなシステムです。また、有料老人ホームの価格については、一般のサービスや商品と同じように、長い目で見ればマーケットや市場が価格を決めることになりますが、特に、要介護高齢者を対象とした有料老人ホームは、介護保険制度以降に急増した新しいサービスですから、まだ、入居一時金や月額費用について価格の相場が定まっていません。ですから、高額だからといってグレードの高いサービスを提供しているという保証はありません。

どのようにチェックしていけばよいのかは、第2部で説明していますが、これらの基本を踏まえて、契約書などの重要書類をしっかり読んで、個々の内容を理解する必要があります。

5　有料老人ホームのリスクとトラブル

▼有料老人ホームの増加とともに、様々なトラブルが急増
▼トラブルの内容やリスクを知ることが、有料老人ホーム選びには不可欠

有料老人ホームは、入居者が豊かで安心して老後の生活を送るための「終《つい》の住処《すみか》」です。しかし、一方で介護保険制度の導入に合わせて、急成長しているサービスであることから、経営

ノウハウの乏しい事業所も多く、様々なトラブルが報告されています。ですから、有料老人ホームを探すためには、実際にどのようなリスクがあるのか、どのようなトラブルが発生しているのかを理解し、その問題に対してホーム側がどのように対応しているのかをチェックすることが重要になってきます。

(1) 入居中の事故・トラブル

入居者のトラブルで、最も多いものは、入居者の転倒による骨折や、インフルエンザの感染などです。高齢者は、加齢によって身体の機能が低下していきますから、転倒するだけで骨折したり、風邪やインフルエンザなどの感染症にもかかりやすく、重篤な状態になる可能性が高いのも特徴です。特に、入居後、間もなく転倒・骨折した場合など、「安心して入居したのに!!」と思ってしまいますが、転倒したり、風邪をひいたりという、高齢者が一般的な生活をおくる上でのリスクは、有料老人ホームに入居しても自宅で生活していても大きくは変わりません。ただし、このような事故を減らすためにどのようなケアをしているのか、また、発生した事故に対する対応力は、有料老人ホームによって大きな差があるようです。

(2) 他の入居者とのトラブル

家族や入居者の多くが、入居後の心配事として「他の入居者との人間関係」を挙げます。有料老人ホームは、基本的には個室ですが、食事や入浴時など他の入居者とのかかわりが多くなります。新しい出会いや友達ができるというよい面もありますが、同時にいじめや他の入居者に溶け込めないなど、人間関係のトラブルについての報告もされています。

最近の有料老人ホームでは、ユニットケアと言って、10人程度の小規模の単位で食事やケアを受けるというスタイルのものが増えていますが、この中の人間関係でトラブルが起これば、楽しい生活は送れません。この人間関係のトラブルについても、どのようなサポートがされるのか、有料老人ホームのノウハウや経験によってその対応は大きく分かれます。

(3) 退居に関するトラブル

途中退居に関するものも、トラブルになる可能性が高いものの一つです。家族や入居者は「終身利用権」「終身介護」の有料老人ホームに入居すれば、何があっても一生そこで生活できると考えている人が多いのですが、長期入院や認知症（痴呆）、他の入居者とのトラブルなどで、有料老人ホーム内で介護を続けることがむずかしいと判断された場合、退居を求められることもあります。どのような場合に退居しなければならないのかは、ホームによって違います。

(4) 契約に関するトラブル

入居時の説明と実際のサービス内容が違うというトラブルは「スタッフ数が足りていない」

「入浴回数が足りない」といった、明らかに契約違反だと思われるものから、「説明された以外の費用がかかる」といった金銭にかかわるもの、「毎日同じ服を着せられている」「部屋が汚い」といった、サービス提供上のトラブルまで多岐に渡ります。残念ながら「有料老人ホーム事業は利益率が高い」「高齢者が増えるから儲けられる」といったイメージだけで、利益先行で参入しているホームもあり、入居者を早期に確保するために、細かな内容についてはあいまいにしか説明していない有料老人ホームもあるようです。

そのような場合、家族は、「入居している親（入居者）が嫌な思いをしないだろうか」「退居を求められたらどうしよう」と、クレームや意見をはっきりと言えないことが多いようです。明らかな法令・契約違反の場合は、しっかりとした証拠を持って有料老人ホーム側と戦うことや、行政にも届け出ることが必要ですが、そこまでではなくてもサービスへの不満や、注意してほしいことなどは、普段から伝えることが必要です。

しかし、それ以前に、事前チェック見学を行い、説明を聞いて細かな疑問点まで確認すれば、多くのトラブルは回避できます。入居後に嫌な思いをしなくてもすむように、しっかり契約内容を確認することが必要です。

(5) 倒産のリスク

有料老人ホームの最大のリスクは、運営会社の倒産です。特別養護老人ホームなどの老人福祉施設は、事業が倒産してサービスが途中で受けられなくなるということはありませんが、有料老人ホームは、経営が悪化し、運営会社が倒産すれば、サービスが受けられなくなります。特に日常生活に介護が必要な高齢者にとっては、金銭的な問題だけでなく、介護や食事などの生活を維持している根本的なサービスがなくなるという大きな問題です。

残念ながら、その大きなリスクとは対照的に、有料老人ホームに対する行政の監視体制は、不十分なままですから、今後は、経営が困難になる有料老人ホームが増えてくるでしょう。有料老人ホームが倒産しても、誰も責任をとってくれません。すべて入居者や家族にかかってきます。入居者は集まっているか、経営情報は開示されているか、経営リスクにどのように対応しているかなど、財務諸表を確認し、念を入れてチェックすることが必要です。

適正な運営をしている有料老人ホームも多いのですが、トラブルの多いホームも存在しています。有料老人ホームの基本は、民間企業との一般契約です。後で、こんなはずではなかったと泣かないですむように、そのリスクを頭に入れて、トラブルに巻き込まれないように、有料老人ホーム選びを進めなければいけません。

第2章 介護保険制度と有料老人ホーム

第1章で述べたように、介護保険制度の導入は、有料老人ホームのサービスにも大きな変化をもたらしました。安定した介護サービスを受けられることは、これからの有料老人ホーム選びにおいて、最も重要なポイントの一つです。ここでは、その基礎となる介護保険制度の概要と、その基本的な性格、介護付有料老人ホームと住宅型有料老人ホームの違いなどについて説明します。

1　介護保険制度とは

介護保険制度の基本的な利用の仕組みは、高齢者からの申請にもとづき、日常生活に何らかの支援・介護が必要かどうかを調べ、必要（要支援～要介護5）だと認定された高齢者が、毎月、その介護の必要度と希望に応じて介護計画（ケアプラン）を作成し、そのケアプランにもとづいて介護サービスを受けるというものです。受けた介護サービスの内容とサービス量によって介護報酬が算定され、そのうちの1割が原則、自己負担となり、残りの9割が公的な介護保険から支出されます【図2-1】。

まず、日常生活に介護サービスが必要か否か、どの程度の介護が必要かを決めるのが要介護認定です。これは、ケアマネージャーの訪問調査と医師の意見書をもとに、市町村に設置された介護認定審査会が、総合的に判断します。要介護認定の結果は、表2-1のように七つに分けられます。

次にケアプランですが、たとえば、要介護認定で「要介護3」だと認定されても、どのような介護サービスが必要かは、機能の低下している身体の場所や、本人の希望などに大きく左右されます。ですから、それぞれの高齢者に合った介護サービス計画を策定することが必要になります。この介護サービス計画のことをケアプランと言います。介護保険制度で受けられるサービス内容は、訪問介護、通所介護、介護老人福祉施設（特別養護老人ホーム）などがあります【表2-2】。

この介護保険制度で受けられるサービスを、ケアプランの作成方法・介護保険サービスの利用方法（介護報酬の算定方法）という視点で分類すると、「区分支給限度額方式」と「日額算定方式」の二つに大きく分けられます。（住宅改修費用などを除く）

図2−1　介護保険制度の利用までの流れ

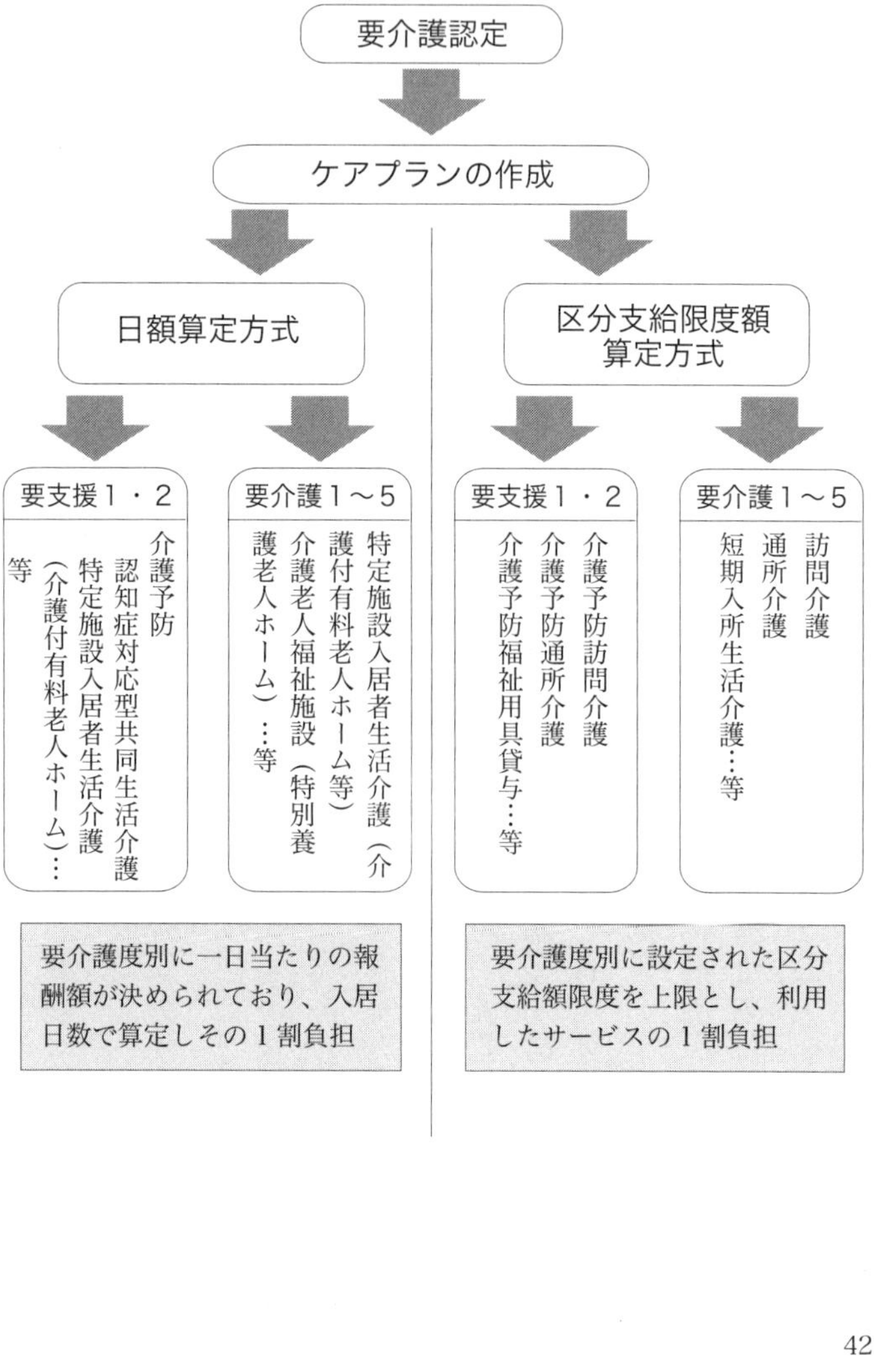
要介護認定
ケアプランの作成
日額算定方式
区分支給限度額
算定方式
要支援1・2
介護予防
認知症対応型共同生活介護
特定施設入居者生活介護
（介護付有料老人ホーム）…
等
要介護1～5
特定施設入居者生活介護（介
護付有料老人ホーム等）
介護老人福祉施設（特別養
護老人ホーム）…等
要支援1・2
介護予防訪問介護
介護予防通所介護
介護予防福祉用具貸与…等
要介護1～5
訪問介護
通所介護
短期入所生活介護…等
要介護度別に一日当たりの報
酬額が決められており、入居
日数で算定しその1割負担
要介護度別に設定された区分
支給額限度を上限とし、利用
したサービスの1割負担

表2−1　要介護状態区分

自　立………	介護も支援も必要でないと判断
要支援*……	介護が必要とは認められないが、社会的支援が必要
要介護１……	生活の一部について部分的介護を要する状態
要介護２……	中程度の介護を要する状態
要介護３……	重度の介護を要する状態
要介護４……	最重度の介護を要する状態
要介護５……	過酷な介護を必要とする状態

＊要支援については、要支援１・要支援２に分かれる

表2−2　介護保険制度で利用できるサービス

区分支給限度額算定方式	■訪問介護 ■訪問看護 ■訪問入浴介護 ■訪問リハビリテーション ■通所介護 ■通所リハビリテーション ■福祉用具の貸与 ■短期入所生活介護 ■短期入所療養介護
日額算定方式	■認知症対応型共同生活介護（認知症高齢者グループホーム） ■特定施設入居者生活介護（介護付有料老人ホーム等） ●介護療養型医療施設（介護保険適用の療養病床） ●介護老人保健施設（老人保健施設） ●介護老人福祉施設（特別養護老人ホーム）
その他	■住宅改修費 ●居宅介護支援 ■予防介護支援 ■居宅療養管理指導 ■福祉用具購入費

＊■印のサービスには「介護予防」の適用がある

(1) 区分支給限度額算定方式

一つは、区分支給限度額による方式です。これは、ケアプランにもとづいて、訪問介護サービス、訪問看護サービス、通所介護サービスなどの希望するサービスを受けるものです。自宅などで受ける介護サービスはこの方式です（あとで説明する住宅型有料老人ホームもこの方式です）。要介護度別に月額単位の区分支給限度額が設定されており、この区分支給限度額までは、介護保険制度が利用されますが、その限度額を超えて利用した場合、超えた部分については、全額自己負担となります。介護報酬は利用したサービスの種類と、利用した回数によって算定されますから、実際にサービスを利用しない場合は、費用はかかりません【表2－3、表2－4、表2－5】。

(2) 日額算定方式

もう一つは、日額算定方式です。これは、特定施設入居者生活介護の指定を受けた有料老人ホーム（介護付有料老人ホーム）や介護老人福祉施設（特別養護老人ホーム）などに適用される方式です。入居者の要介護度と、その住居・施設に入居していた日数によって計算されます。この指定を受けた老人ホームは、その指定基準に定められた介護・看護スタッフを雇用し、その入居者はケアプランにもとづいて、老人ホームから介護サービスを受けます。日額算定方式の場合は、入居していた日数によって計算されますので、その日の体調の変化で、予定されて

表2-3　区分支給限度額

要介護区分	区分支給限度額
要支援1	4,970単位
要支援2	10,400単位
要介護1	16,580単位
要介護2	19,480単位
要介護3	26,750単位
要介護4	30,600単位
要介護5	35,830単位

表2-4　区分支給限度額算定方式の介護報酬の計算例

要介護3の人が自宅や住宅型有料老人ホームで介護サービスを受ける場合

要介護3の場合の区分支給限度額			26,750単位	A
1ヵ月の利用サービス				
訪問介護	402単位×21回	=	8,442単位	
通所介護	645単位×6回	=	3,870単位	
訪問看護	425単位×6回	=	2,550単位	
短期入所生活介護	748単位×7日	=	5,236単位	
利用計			20,098単位	B

A＞Bなので、上乗せ負担分は生じない

介護報酬	B×10円（地区単価）	=	200,980円	C
保険適用	C×0.9	=	180,882円	
自己負担分	C×0.1	=	20,098円	

＊送迎加算等については算定していない
＊2006年1月現在の単価で計算
＊介護予防サービスは一部定額（月単位）で計算されるものがある

表2-5　区分支給限度額方式によるケアプラン例

利用者名　○○　○○　様（要介護3）

	早朝	午前	午後	夜間
月		通所介護	通所介護　訪問介護	
火		配食サービス	訪問介護　訪問看護	
水		通所介護	通所介護　訪問介護	
木		配食サービス	訪問介護	
金		配食サービス	訪問介護　訪問看護	
土		訪問介護		
日		訪問介護		

表２-６　日額算定方式のケアプラン（日課計画表）例

		介護内容	担当者	個別サービス
早朝	4：00	巡回	夜勤ケアワーカー	
	6：00			
午前		起床介助・排泄介助	早出ケアワーカー	
	8：00	朝食（食事介助）・服薬介助	早出・夜勤ケアワーカー	食事摂取量・服薬注意して確認
	10：00			
午後	12：00	昼食（食事介助）	日勤ケアワーカー	
		排泄介助	日勤ケアワーカー	
	14：00			
		入浴介助	日勤ケアワーカー	皮膚の状態を看護スタッフに確認
	16：00		看護スタッフ	入浴後、塗り薬有り
	18：00	夕食介助（食事介助）	日勤ケアワーカー	
夜		排泄介助	遅出ケアワーカー	
	20：00			
		就寝介助（着替え・口腔洗浄）	遅出ケアワーカー	
	22：00			
深夜				
	0：00	巡回	夜勤ケアワーカー	夜間排泄介助は睡眠状態によって
				ポータブルトイレ・オムツ交換を選択
	2：00	巡回	夜勤ケアワーカー	

表2-7　日額算定方式の介護報酬の計算例

要介護3の人が介護付有料老人ホームに1ヵ月（30日）入居した場合

要介護3の特定施設入居者介護	683単位×30日	＝ 20,490単位A
介護報酬	A×10円（地区単価）	＝204,900円　B
保険適用	B×0.9	＝184,410円
自己負担分	B×0.1	＝ 20,490円

＊加算等については算定していない
＊2006年1月現在の報酬単価で計算

いた食事介助や入浴介助を受けなくても、介護サービスにかかる1割負担の費用は変わりません【表2-6、表2-7】。

(1)の区分支給限度額による算定方式をとっている有料老人ホームを「住宅型有料老人ホーム」と言い、(2)の特定施設入居者生活介護の指定を受けて日額算定方式を採っている有料老人ホームを「介護付有料老人ホーム」と言います。詳細については、後述しますが、住宅型有料老人ホームは自宅で受けるのと同じ介護システムで、介護付有料老人ホームは、特別養護老人ホームに近い介護システムだと言えます。

ただし、この介護保険制度は、まだその骨格が固まりきっておらず、様々な改定が進められています。2006年（平成18年）4月からは一部を日額算定方式、残りを限度額算定方式で報酬を計算する「外部サービス利用型」が導入されますし、要支援・要介護1の高齢者を対象とした予防給付がスタートし、筋力向上トレーニング、口腔ケアなどの予防介護サービスが始まります。また、将来的には、高齢者医療制度や障害者自立支援法との統合も視野に入れて検討され始めています。

介護保険制度は、介護サービスの基礎となる制度ですから、その基本を理解するとともに、新聞やマスコミの報道、行政パンフレットなどにも目を通し、その方向性や最新の制度変更について、注意を払うことが必要です。

2　介護保険制度と高齢者住宅・施設

▼特別養護老人ホームは、住宅ではなく施設
▼要介護高齢者の住宅対策は、民間の有料老人ホームに移行する

介護保険制度発足後、制度上は、福祉施策の老人ホームと民間の有料老人ホーム、医療保険と介護保険の対応の違い、病院と住宅などに分けられたのですが、制度が移行途中にあることや、「施設サービス」と「住宅系サービス」、「老人福祉施設」と「介護保険施設」など、専門用語の整理もできていないことから、非常にわかりにくくなっています。ここでは、介護保険制度が、有料老人ホームや介護保険施設などにどのように関わっているのかを整理するとともに、それぞれの老人福祉施設や介護保険施設の役割と方向性について解説します。

介護保険制度と、高齢者が生活や療養をしている住居や病院などの関係を示したものが図２－２です。

まず、介護保険制度が適用されないものとして、老人福祉施設である養護老人ホームと軽費老人ホーム（A型・B型）、また医療保険が適用される一般病床、医療保険療養病床などの病院が挙げられます。ここに、入所・入院している間は、医療保険や税金で運営されていますから、介護保険制度による介護サービスを受けることはできません。また、健康型有料老人ホームは、法的にではなく契約上、介護サービスが必要な状態になると、契約を解除し退居することが求められます。

介護保険サービスの適用方法から「住居」や「施設」を分類すると大きく三つに分けられます。

一つは、区分支給限度額算定方式によって、訪問サービスや通所サービスを受けることができる「住宅」です。これは、一般住宅の他、高齢者向け優良賃貸住宅や特定施設入居者生活介護の認可を受けていないケアハウスや住宅型有料老人ホームが当てはまります。

二つ目は、特定施設入居者生活介護の指定を受けたケアハウス（介護付ケアハウス）や介護付有料老人ホームと、認知症対応型生活介護の指定を受けた認知症高齢者グループホームです。この特定施設入居者生活介護と認知症対応型生活介護を合わせて「住宅系（または居住系）サービス」と呼ばれています。

三つ目は、特別養護老人ホーム（介護老人福祉施設）、老人保健施設（介護老人保健施設）、介護型療養病床（介護療養型医療施設）で、この三施設を合わせて「施設サービス」と呼ばれています。

図2-2　介護保険制度と施設・住宅

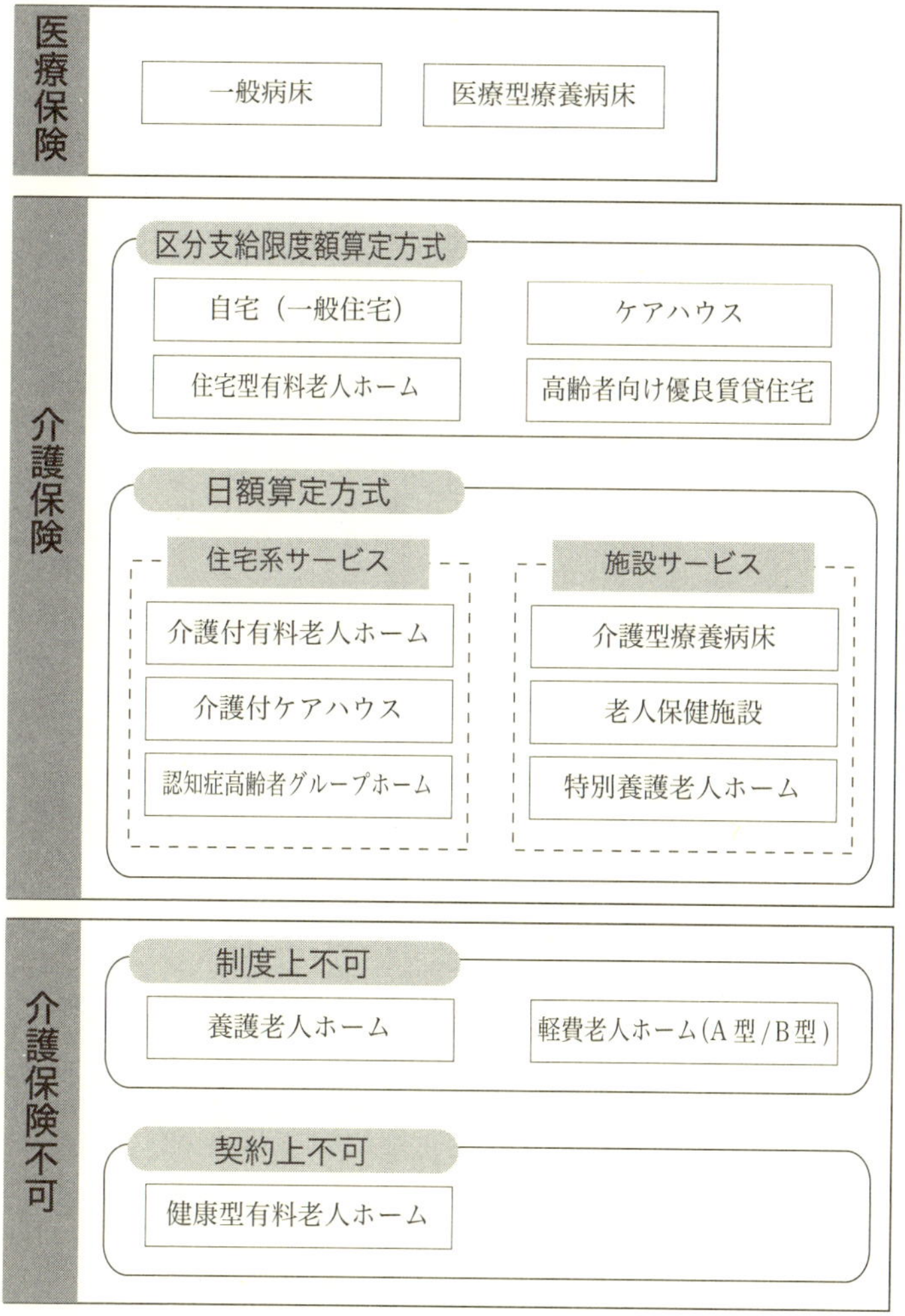
医療保険
一般病床
医療型療養病床
介護保険
区分支給限度額算定方式
自宅（一般住宅）
ケアハウス
住宅型有料老人ホーム
高齢者向け優良賃貸住宅
日額算定方式
住宅系サービス
介護付有料老人ホーム
介護付ケアハウス
認知症高齢者グループホーム
施設サービス
介護型療養病床
老人保健施設
特別養護老人ホーム
介護保険不可
制度上不可
養護老人ホーム
軽費老人ホーム(A型/B型)
契約上不可
健康型有料老人ホーム

この住宅系サービスと施設サービスは、どちらも、その老人ホームのスタッフによって介護・看護サービスが提供され、日額算定方式で介護報酬は算定されます。ですから、その違いがわかりにくいのですが、法律・制度上、特定の目的をもってつくられる建物・設備を「施設」とよんで「住宅」と区別しています。「介護機能がついた住宅＝住宅系サービス」「特殊な役割を持った施設＝施設サービス」です。

「特定施設入居者生活介護」は、有料老人ホームやケアハウスという高齢者の集合住宅に介護機能を付随させるものであり、「認知症対応型生活介護」の指定を受けた認知症高齢者グループホームも、その名の通り、認知症高齢者が集まって共同生活しやすいように、介護機能を付加させたものです。第1章で述べたように、ケアハウスは、老人福祉法に定められた老人福祉施設の一つですから、少しややこしいのですが、老人福祉法上は施設として、介護保険法上は住宅として位置付けられています。

これに対して、施設サービスは住宅とは呼びません。介護型療養病床は、要介護状態で、かつ医学的管理が必要な高齢者のみを対象とした医療施設（病院型）ですし、老人保健施設は、長期生活を目的とした住居ではなく、在宅復帰を支援するためにリハビリなどを行う、病院と住宅との中間施設です。特別養護老人ホームも、介護が必要な高齢者に対する住居という位置づけではなく、緊急にサポートが必要な高齢者のための施設という意味合いが強くなってきています。

特に、特別養護老人ホームは、介護が必要な高齢者や家族に人気が高く、施設数を増やしてほしいという要望が強いのですが、この建設には、建設補助が必要なことから、行財政難の中で建設が進んでおらず、今後増加する見込みはありません。要介護高齢者の増加によって、今後は更にこれら施設サービスの入居者選定は厳しくなり、その役割は限定されることになります。特別養護老人ホームなどの施設サービスから、有料老人ホームなどの住宅系サービスへというのが、介護保険制度の大きな流れです。

有料老人ホームと、関連する介護保険施設・老人福祉施設についての現状と方向性について整理しておきます。

⑴ 医療型療養病床

医療保険適用の療養病床は、末期ガンや難病など、長期的に密度の高い医療ケアが必要な方のための病床で、現在全国で約25万床整備されています。介護保険施設ではないために、要介護度の認定は必要ありませんが、医療ケアがそれほど必要とされていない高齢者も多く入院されているため、今後は、入院の条件が厳しくなり、２０１１年度末（平成23年度末）までに、15万床に削減されることが決まっています。

⑵ 介護型療養病床

介護保険適用の療養病床は、介護保険の施設サービスの一つである「介護療養型医療施設」という位置づけで、常時の医療ケアが必要な高齢者を対象とした長期療養病床です。現在全国で約13万床程度整備されていますが、医療型療養病床との違いが明確でなく、常時医療ケアが必要でない高齢者も多く入院されているため、２０１１年度末までに、全廃されることが決まっています。

(3) 老人保健施設

老人保健施設は、介護保険の施設サービスの一つである「介護老人保健施設」で、病院からの退院後、ある程度病状が安定した高齢者の在宅復帰のための施設で、全国で約26万床が整備されています。リハビリや生活相談などを中心としたサービスが行われ、入所期間は３ヵ月〜６ヵ月程度が目安とされていますが、介護保険制度の導入後は、入所期間が長期化し、特別養護老人ホームの代替施設となっているところもあります。今後は、本来の目的である在宅復帰施設としての役割が強化されることになります。

(4) 特別養護老人ホーム

特別養護老人ホームは、老人福祉施設であると同時に介護保険の施設サービスの一つである「介護老人福祉施設」で、全国で約36万人分が整備されています。費用が安く、他の施設のように転居する必要がないことから人気が高いのですが、待機者が多く、入所は非常にむずかしくなっています。今後は、要介護高齢者のための一般的な住居という位置づけではなく、要介護4・要介護5などの重度要介護の高齢者や一人暮らしで介護者がいない高齢者、介護虐待・介護拒否を受けている高齢者など、緊急の支援が必要な高齢者のための入所施設という役割が強化されることになります。

(5) 養護老人ホーム

養護老人ホームは、心身の状態や経済的な理由から、自宅での生活が困難となった高齢者を対象とした老人福祉施設で、全額公費（税金）によって運営されています。原則65歳以上で自立して生活ができることが入所条件で、約6万7000人分の施設が整備されています。しかし、加齢によって要介護状態となっても、介護保険制度を利用できない仕組みとなっており、その生活環境の悪化が問題とされています。2006年（平成18年）の老人福祉法の改定で介護保険制度の利用が可能となる予定です。

(6) 軽費老人ホーム（A型・B型）

軽費老人ホームは、老人福祉施設の一つで、低額な料金で、身寄りのない人や、家庭環境、住宅事情によって、自宅で生活することが困難な高齢者が入所する施設です。A型（給食付）、

B型（自炊型）にわかれており、全国で約1万5000人分の施設が整備されています。基本的に生活は自立していることが条件で、公的補助によって低額な料金で利用できる施設なのですが、介護が必要となった場合でも、介護保険サービスを利用することができないため、ケアハウスへの移行が進められています。

(7) ケアハウス

ケアハウスは、重度の介護は必要ないが、生活にある程度の支援が必要な高齢者を対象とした老人福祉施設で、現在の定員は6万5000人程度です。基本的にケアハウス自体に介護スタッフは常駐しておらず、介護が必要となった場合は、外部から訪問介護、訪問看護などのサービスを受けることができます。しかし、重度要介護の状態となった場合、外部サービスだけでは住み続けることがむずかしく、退所を求められることも多いようです。現在でも介護保険の特定施設入居者生活介護の指定を受けて、ケアハウスとして介護サービスを提供する（介護付ケアハウス）ことは可能ですが、この指定はほとんど行われていません。今後は、重度の介護が必要となっても、住み続けられるような仕組み作りが求められています。

(8) 認知症高齢者グループホーム

認知症高齢者グループホームは、認知症の高齢者が、集団生活ではなく、少人数の家庭的な雰囲気の中で、介護サービスを受けながら、同時に助け合い生活を行う、認知症高齢者専用の住居施設です。現在の規定では、１ユニット「5～9名」で一施設2ユニットまで（つまり最大18名）とされており、介護保険の「認知症対応型共同生活介護」の指定を受けて運営されています。認知症高齢者の増加によって、その必要性は今後も高まっていくことが予想されています。

⑼ 健康型有料老人ホーム

健康型の有料老人ホームは、自立した高齢者のみを対象にしたもので、食事などの日常生活サービスは提供されますが、要介護状態になった場合は、契約を解除して退居することが求められます。基本的に高齢者は加齢によって身体能力が低下していきますから、要介護状態になった場合に契約を終了し退居しなければならないのであれば、老人ホームとしてはふさわしくありません。ですから、その多くは提携や系列の介護付有料老人ホームを併設しており、介護が必要となった場合にはそちらに転居できるというものが多いようです。

⑽ 住宅型有料老人ホーム

住宅型有料老人ホームは、食事サービスなどのサービスは有料老人ホームから受けますが、介護サービスについては、有料老人ホームが直接提供するのではなく、それぞれのケアプラン

図2-3　有料老人ホーム介護付・住宅型の違い

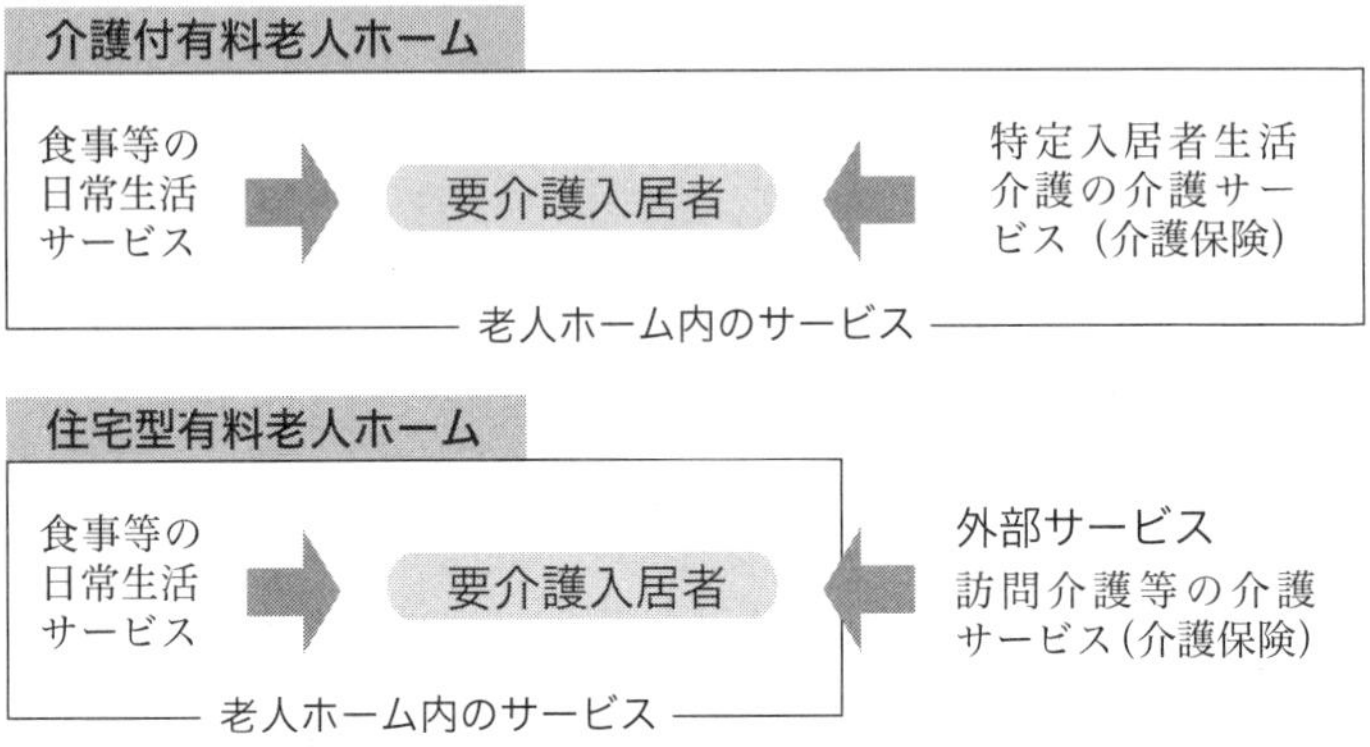

にもとづいて、外部の訪問介護や通所介護サービス事業所から受けるというものです。多くの住宅型有料老人ホームでは、系列の訪問介護などの事業所と提携してサービス提供を行っています。

(11) 介護付有料老人ホーム

介護付有料老人ホームは、特定施設入居者生活介護の指定を受けた有料老人ホームのことを指します。この指定を受けた老人ホームは、その指定基準に定められた介護・看護スタッフを雇用し、その入居者に対して介護サービスを提供します。これまでは関連の訪問介護サービス事業所が介護サービスを提供するような場合でも、「介護付・介護型」と表示しているところが多かったのですが、2002年（平成14年）6月の標準指導指針の改定で類型の見直しが行われ、「介護付・介護型」と表示するには、特定施設入居者生活介護の指定が必要になりました。

介護付は、住宅型の有料老人ホームと比較すると、特別養護老人ホームと同じように、老人ホーム内に介護スタッフが24時間常駐しているので緊急時にも安心であることから、介護付有料老人ホームが要介護の入居希望者や家族には人気が高く、既存の有料老人ホームでも新しく特定施設入居者生活介護の指定を受け、介護付有料老人ホームに変更するホームも多いようです【図２－３】。

しかし、有料老人ホームのサービス内容はまだまだ固まっているわけではありませんから、「介護付ホームのほうが人気あるから」と決めるのではなく、介護サービスをどのように受けるのかという違いをはっきり認識して、入居者や家族の状態や希望に合った介護を受けられる有料老人ホームを探すことが大切です。

3　介護保険制度は必要最低限

▼介護保険制度は、十分な介護サービスの提供を行うことを目的としていない
▼必要最低限のサービスを保証する制度

有料老人ホームの広告やパンフレットには、「安心・快適」という言葉とともに、充実した介護サービスの提供がうたわれています。その基礎となるのは介護保険制度です。ですから、「介

受けられると思っている人が多いのですが、残念ながら、「介護保険が利用できる」ということと、「十分な介護が受けられる」ということは、同じではありません。

これは、現在の医療保険（健康保険）制度と比較するとよくわかります。日本の医療保険制度は、平等な医療を提供するという観点から、すべての国民が医療保険内で、その病気やケガに必要な同じレベルの医療を受けられるということが大前提です。ですから、医療保険の適用範囲内のサービスは医療保険で賄い、適用範囲外の部分については、患者自身が実費で支払うことを、基本的に認めていません。自費診療と保険診療が混合することを、医療保険では「混合診療」と言います。

「外国で認可されている薬が、国内で認められてないから使えない」という話をよく聞きますが、これはその薬を使ってはいけないということではなく、混合診療が認められていないために、その薬を一つ使うと、手術などを含め、すべての医療行為について保険が適用されなくなります。全額自費診療となり医療費が高額になりすぎるため、一般的には使用されないのです。

これに対して、介護保険制度では、介護保険給付と対象外の自己負担を混合して利用することが可能です。区分支給限度額による方式では、支給限度額までの部分については保険対象となり、この限度額を超えた部分についてのみ全額自己負担となります。また、日額算定方式の介護付有料老人ホームでも、基準となるスタッフ配置と、それに対応する一日当りの報酬が決められていますが、基準以上のスタッフを配置し手厚い介護サービスを提供する場合には、その介護保険給付と上乗せされた自己負担を混合して利用することが可能です。これを「混合介護」と言います。

つまり、介護保険制度の基本的な性格は「すべての高齢者に必要十分な介護サービスを提供する制度」ではなく、「高齢者の介護サービスの基本的な部分を保障する制度」であり、「それを超える部分は利用者の選択のもと自己負担でサービスを補う」ということが、大前提なのです。これから要介護高齢者が増加し、国全体としても介護サービスに必要な費用が財政を圧迫する中で、「介護サービスの基本的な部分」は、言い換えれば「必要最低限の介護サービス」を保証する制度だといえます。

介護保険の基本部分だけで、どの程度のサービスが受けられるのかについては、どの程度の介護が必要なのかという要介護状態や、本人の希望にも影響されますし、介護付有料老人ホームや住宅型有料老人ホームなど、ホームの類型によっても変わってきます。その内容や仕組みについては、詳しく後述しますが、一般的には、要介護4～5といった、重度要介護高齢者になると、この介護保険制度だけでは、十分な介護サービスを受けることはむずかしいと言われています。ですから、手厚い介護サービスを受けるためには、その分だけ、保険対象外の介護サービス費用が必要になります。介護サービスを受けることを目的に有料老人ホームを探す場合、「介護保険が使えるから安心」「介護付有料老人ホームだから安心」ということではないのです。

4　介護付有料老人ホームとは

▼介護付有料老人ホームは、ホーム内の総介護力を入居者でシェアするシステム
▼「介護付」だからといって、十分な介護サービスを受けられるわけではない

ここでは、一般的な介護付有料老人ホームのケアプランの特徴と、その長所・短所について解説します。

(1) 介護システムの特徴

介護付有料老人ホームは、「介護保険制度と高齢者住宅・施設」で述べたように、介護保険制度の特定施設入居者生活介護の指定を受け、有料老人ホーム内で介護スタッフや看護スタッフを雇用し、そのスタッフが入居者に日常の介護サービスを提供するという形をとります。ですから、入居者は外部の訪問介護や通所介護などのサービスを、介護保険を使って利用することはできなくなります。一言で言えば、特別養護老人ホームと同じような介護システムだと言えます【表2-8】。

この介護付有料老人ホームでは、一般的に、入居者数3名に対して介護・看護スタッフが1

人【３：１】、入居者2名に対して1人【２：１】などと、入居者対比で、有料老人ホームで働く介護・看護スタッフ数が決められています。ですから、ケアプランから見ると、介護付有料老人ホームは、老人ホーム内のスタッフの総介護力を全入居者でシェアして、介護サービスを提供するという方法だと言えます【図２－４】。

(2) 長所・短所

介護付有料老人ホームの最大の長所は、24時間３６５日、ホームの介護スタッフが常駐していることです。介護付有料老人ホームの人気が高い理由はここにあります。要介護状態が重度になった場合は、移動するたびにベッドからの移動介助が必要になりますし、「少しベッドを起こしてほしい」「水を飲ませてほしい」などの、こまごまとした介護の必要がでてきます。これらについて、いちいち事前の介護計画では対応することは困難です。介護付有料老人ホームならば、特殊なサービスを除いて基本的には、どれだけ介護を受けても一日の介護費用はかわりませんから、特に、重度要介護高齢者には安心できるシステムだと言えます。

しかし、介護付有料老人ホームは、基本的には外部の介護サービスを利用することができませんので、介護・看護サービスの内容やサービス量が、スタッフ配置の比率によって限定されてしまいます。ですから、どうしても一日の流れがホーム主導で決まってしまい、生活がマンネリ化してしまうことや、また、総介護力が決まっていますから、個別の外出など、介護力を

表2-8　介護付有料老人ホーム（特定施設入居者生活介護）の報酬単価

要介護区分	報酬日額	30日利用した場合
要支援1	214単位	6,420単位
要支援2	494単位	14,820単位
要介護1	549単位	16,470単位
要介護2	616単位	18,480単位
要介護3	683単位	20,490単位
要介護4	750単位	22,500単位
要介護5	818単位	24,540単位
夜間看護体制加算（要件を満たすもののみ）10単位／日		

＊計算方法については表2-7参照

図2-4　介護付有料老人ホームの介護システムの特徴

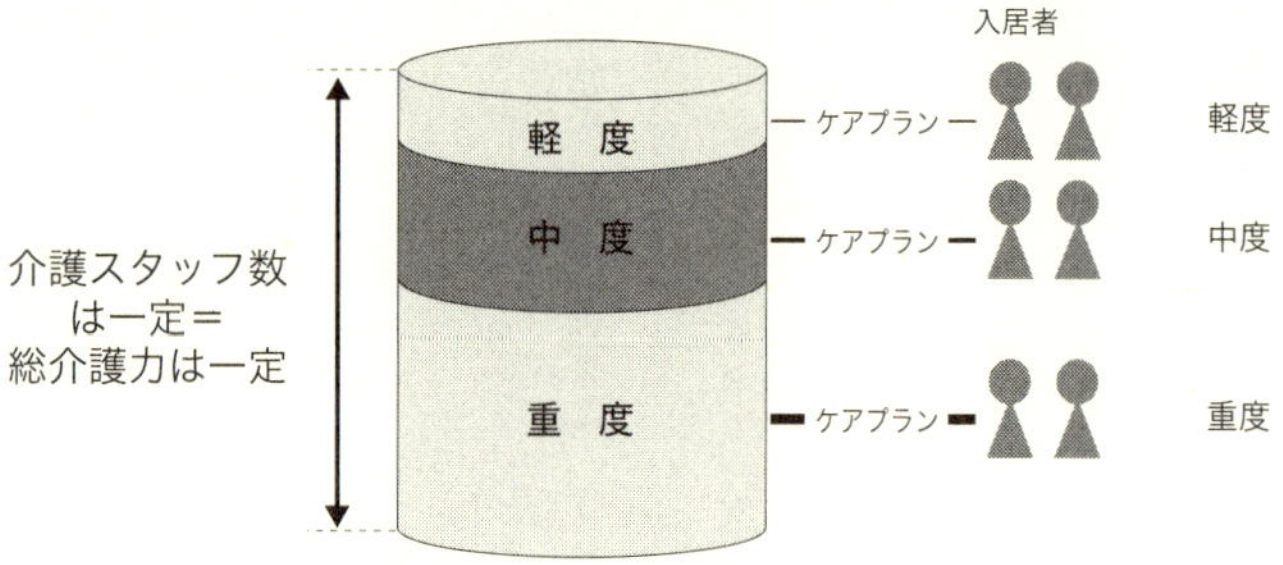

●老人ホームのスタッフが介護・看護サービスを提供
●入居者に対する介護システムは、特別養護老人ホームとほぼ同じ
●介護・看護スタッフ数（総介護力）は一定
●老人ホーム内の総介護力を全入居者でシェアしてケアプランを策定

取られてしまう個人のニーズには、答えることがむずかしいということが言えます（個別の外出などについては、オプションサービスとして介護費用を徴収しているホームもあります）。

(3) 重度要介護高齢者への対応

有料老人ホーム選びについては、手厚い介護サービスを第一のニーズとしてあげられる家族も多く、最近では、この「介護付有料老人ホーム」の人気は高まっているようですし、「当ホームは介護付で安心」というフレーズも良く聞きます。しかし、述べたように、介護付有料老人ホームだからといって、必要十分な介護サービスが受けられる訳ではありません。

介護付有料老人ホームの場合、介護スタッフ数（総介護力）を一定に決めているホームが多く、軽度要介護の高齢者が多い場合、十分な介護を受けることが可能ですが、重度要介護の高齢者が多くなると、必要な介護の密度や量が増えてきますから、この介護の必要量が総介護力を超えてしまうと、十分な介護が提供されなくなります。

介護付有料老人ホームの基礎となる特定施設入居者生活介護の、指定基準の介護看護スタッフ配置は、常勤換算（常勤スタッフの勤務時間が一日８時間とすると４時間パート２人で一人分ということ）で、要介護高齢者３人に対して１人【３：１】、要支援の高齢者10人に対して１人【10：１】です。50名の入居者全員が要介護状態（要介護１～５）のホームの場合、常勤換算で17人弱のスタッフが働いていることになります。これには休みや夜勤のスタッフも含ま

表2-9　特定施設入居者生活介護の指定基準（人員配置）
―介護付有料老人ホームの人員配置―

- 常勤換算で、要介護者に対して【3：1】
- 看護スタッフは、30人までは1人、30人を超える場合は50人又はその端数が増えるごとに1人（常勤換算）、内1人以上常勤
- 介護スタッフも1人以上常勤
- 夜勤は常時1人以上配置

れますから、夜勤スタッフが2名で年間勤務日数が250日の場合、昼間の介護看護スタッフの実数は、7～8名程度になります【表2-9】。

この50名の入居者が軽度要介護で、移動や食事、排泄など、自分の身の回りのことはある程度可能なのであれば、この8名のスタッフでも十分に介護が可能です。しかし、加齢によって重度要介護の入居者が多くなり、食事介助や排泄介助、付きっ切りの入浴介助などが必要になれば、たくさんの介護（量）が必要となりますから、この8名のスタッフだけで、十分な介護サービスを提供することはむずかしくなります【図2-5】。呼ばれてもすぐには対応できず、「チョッと待って」「後で行きます」ということが多くなるのです。

特定施設入居者生活介護の指定基準の【3：1】配置は、特別養護老人ホームの介護・看護スタッフと同じ人員配置ですが、重度要介護高齢者の多い特別養護老人ホームでは、この人員配置で十分に手厚い介護サービスを提供することはむずかしいと言われています。加えて、有料老人ホームは全室個室ですから、ケア

図２–５　介護付有料老人ホームの重度化対応

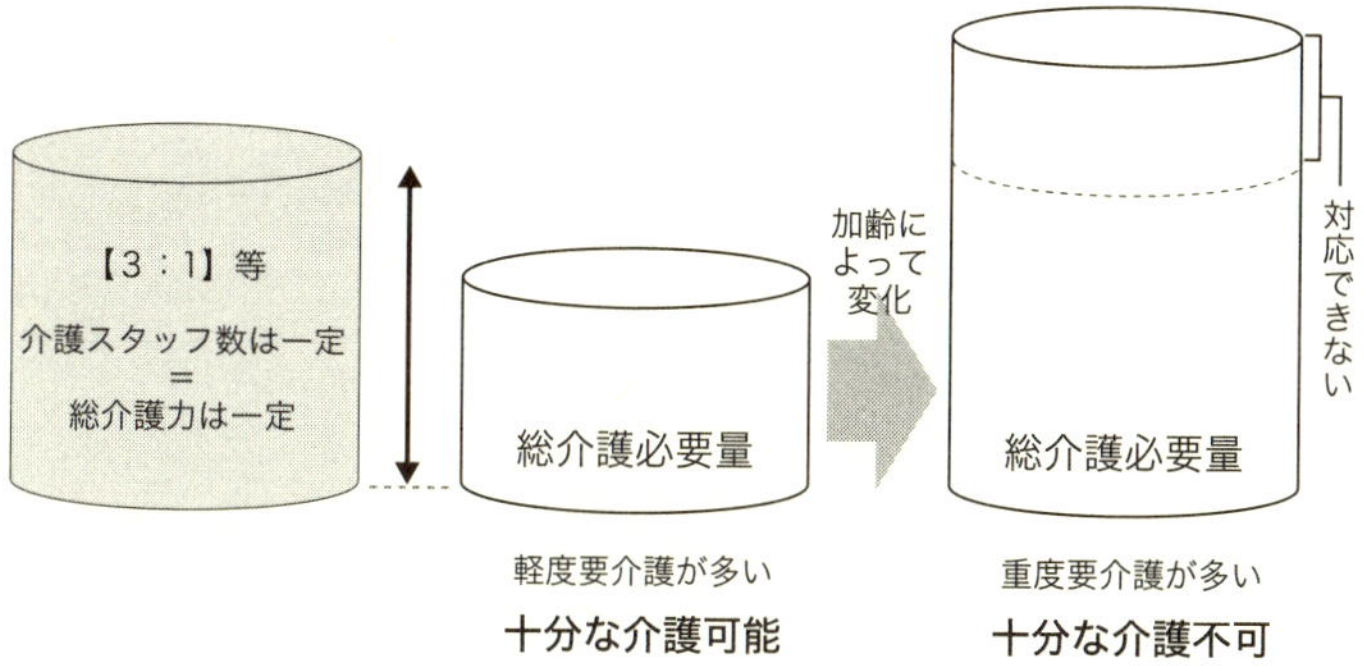

表2–10　介護付有料老人ホームスタッフ配置比較表

例）入居者数 50 名（全員要介護 1 以上と仮定）
　夜勤は、２名配置（常勤換算）
　日勤 8 時間、夜勤 16 時間（2 日分）労働、
　年間勤務日数 250 日と仮定（週休２日、有給休暇 10 日程度）

スタッフ配置	総スタッフ数	夜勤スタッフ数	日勤スタッフ数
【3：1】	16.7 名	２名	7.5 名
【2.5：1】	20 名	２名	9.7 名
【2：1】	25 名	２名	13.1 名
【1.5：1】	33.3 名	２名	18.8 名

の効率性だけを考えれば、特養ホームよりも劣ることになります。その上、居室がいくつかのフロアに分かれていたり、居室から食堂までが遠いなど介護動線が複雑になれば、十分な介護サービスの提供を行うことは更にむずかしくなります。

介護・看護というサービスは、労務集約的な事業ですから、手厚い介護をするためには、多くのスタッフが必要になるということが原則です。ですから、多くの介護付有料老人ホームでは、手厚い介護サービスを提供するために、介護看護スタッフ数を【2.5：1】や【2：1】と、この基準以上に増やしています【表2－10】。

しかし、基準よりも手厚くなった分、入居者は介護保険制度の1割負担の他に、上乗せの介護費用が必要になります。つまり「介護付だから安心」ということではなく「重度要介護状態になっても大丈夫か」「どの程度手厚い介護を受けたいのか」「上乗せ介護費用はどの程度かかるのか」などによって、その選択は、大きく変わってくるのです。（ちなみに、介護付有料老人ホームでも、全額自費であれば、外部の訪問介護や通所介護サービスを利用できます。また制度的には、介護付有料老人ホームの介護サービスは受けないと宣言して、外部のサービスだけを利用する場合には、介護保険が適応されますが、一般的ではありません。）

5　住宅型有料老人ホームとは

▼住宅型有料老人ホームは、本人の希望に合わせたサービス種類の選択が可能
▼重度要介護になると「臨時のケア」「隙間のケア」が弱点

ここでは、住宅型有料老人ホームのケアプランの基本的な特徴と、その長所・短所について解説します。「介護付有料老人ホームの特徴」と比較しながら、お読みください。

(1) 介護システムの特徴

住宅型有料老人ホームと介護保険制度の関係は、訪問介護や通所介護などの外部のサービスを組み合わせて、ケアプランを作成し、実際にサービスを受けた分だけ出来高で計算するというものです。住宅型有料老人ホームが直接介護サービスの提供をするわけではありませんから、入居していても、これらの介護保険サービスを利用しなければ、介護保険の費用負担は発生しません。ただし、要介護度別に月単位で区分支給限度額が設定されていますので、その支給限度額までは、利用した分の１割負担ですが、この限度額を超えてしまった場合、超えた分の全額が自己負担となります。基本的に自宅で暮らしているのと同じ介護システムです【図２－６】。

図2−6　住宅型有料老人ホームのケアプラン

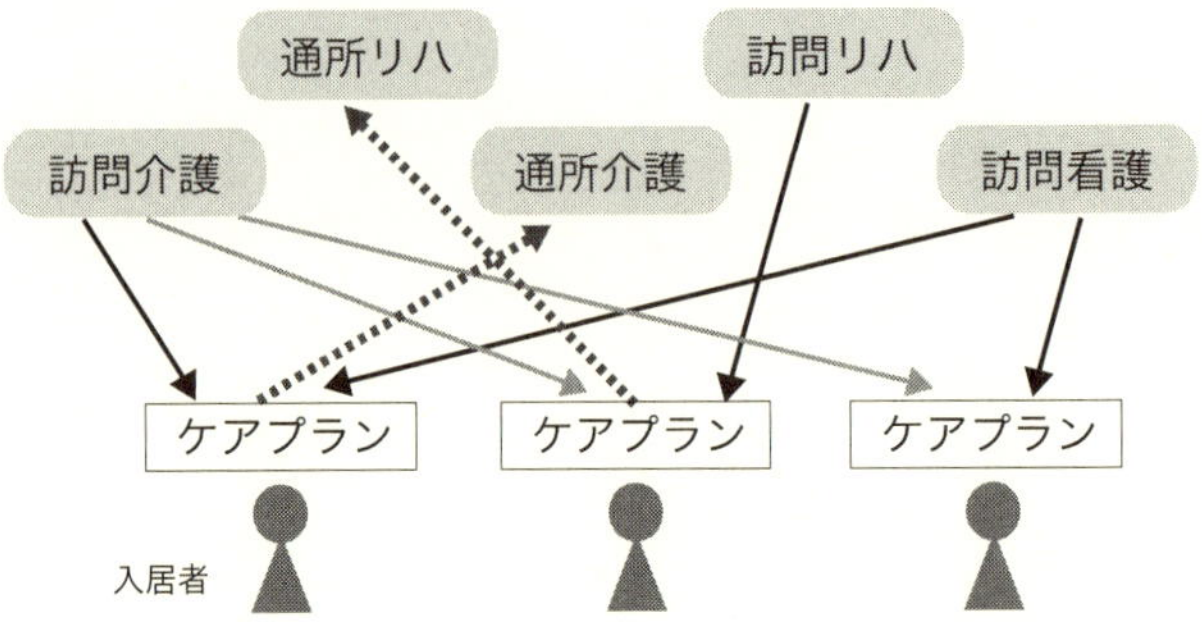

- 老人ホームのスタッフは介護・看護せず、外部からの訪問介護等を利用
- 自宅で介護サービスを受けるのと同じ形
- 月単位の区分支給限度額内の場合、利用した介護報酬額の１割負担
- サービス利用が区分支給限度額を超えた場合、超えた分は全額自己負担

⑵ 長所・短所

住宅型有料老人ホームの一番の利点は、入居者が数多い種類の在宅サービスの中からサービスメニューを選択できるので、入居者一人ひとりが自分の生活に合わせたケアプランを策定することができるということです。介護付有料老人ホームでは、入居者の個々のケアプランについて老人ホーム内のスタッフだけで対応することになりますので、外部の通所サービスなどは利用できませんが、住宅型有料老人ホームでは、医療サポートが必要な入居者には訪問看護を中心にケアプランを組み立てたり、リハビリのために通所リハを中心に組み入れるなど、数多くのメニューの中からその個人の細かなニーズに対応することができます。

これは、要介護高齢者の生活の質（ＱＯＬ）という点からも大きなメリットがあります。介護付有料老人ホームでは、どうしても常に同じスタッフが、毎日同じサービスを提供することになりますから、安心という反面、新しい出会いや刺激が極端に少なくなります。また、そのシステム上、全体のサービス量が決まっていますから、医療ニーズが高い、毎日買い物に行きたいなどの特殊なニーズや手がかかる個別の希望については、対応がむずかしくなります。住宅型有料老人ホームの場合は、予約をしておけば、映画や演劇、買い物など、引きこもりがちな要介護高齢者の外出の機会も増やすことができます。

しかし、逆に、住宅型の場合は、事前のケアプランにもとづいて介護・看護サービスが提供されますので、臨時のケアに対応しにくいという欠点があります。また、介護付有料老人ホームの場合、特殊なサービスを除いて基本的には、どれだけ介護を受けても一日の介護費用は一定ですから、特に、重度要介護高齢者には安心できるシステムなのですが、住宅型の場合は、利用した分だけ費用がかかるというシステムですから、しっかり管理をしていないと、請求書を見てびっくりするということになりかねません。つぎに述べるように、この重度要介護高齢者への「隙間のケア」「臨時のケア」への対応が、住宅型有料老人ホームの最も大きな弱点なのです。

⑶ 重度要介護高齢者への対応

上記⑵の長所・短所でも述べましたが、住宅型有料老人ホームの一番の弱点は、重度要介護高齢者への対応です。

一つの問題は、介護保険サービスで対応できない「隙間のケア」の問題です。食事介助を例に挙げると、食事介助は訪問介護サービスで、「身体介助」に入ります。ただ、もう少し軽度の方で、自分で食事は食べられるが、ベッドから食堂までの移乗・移動（往復）の介助が必要な入居者について、その介護を一日3食すべて訪問介護サービスを利用しようとすると、それだけで区分支給限度額は超えてしまいます。日常のリビングルームへの移動や、ベッドから車椅子への移乗介助など、介護保険では対応できない、また誰がやるのかわからない短時間の「隙間のケア」はたくさんあるのです。

もう一点は、「臨時のケア」の問題です。ケアプランは一般的に1ヵ月単位で作成されています。しかし、特に重度要介護高齢者は日によって、体調の変化が激しくなりますから、定期的なサービスの他に臨時のサービスは必ず必要になります。たとえば、排泄介助ですが、定期的な排泄介助をプラン化していたとしても、下痢などで排便のコントロールが効かなくなることはあります。臨時の対応ができず、交換まで何時間もそのままで待たなければならないとすれば、その不快感は想像だにできません。その他、体調によって、着替えが一人でできる時とできない時がありますし、寝たきりの高齢者の体位交換、汗をかいたので着替えたいなど、事前の予定ができず、すぐにかなえて欲しいという「臨時のケア」はたくさんあるのです。

この「臨時のケア」「隙間のケア」という視点が欠落しているために、一般的には、住宅型有料老人ホームの介護システムだけでは、「ケアの連続性」がなくなり、要介護４〜５の重度要介護の高齢者に対応することはむずかしいと考えられています。これは自宅で介護を受けている一人暮らしの高齢者についても共通して言える介護保険制度の弱点です。

しかし、「第1章　有料老人ホームとは何か」で述べたように、有料老人ホームは自由設計商品ですから、先進的な取り組みをしている老人ホームの中には、基本的には住宅型有料老人ホームのシステムを取りながら、併設の訪問介護サービス事業所に常時スタッフを配置して、臨時・隙間のケアに対応したり、自己負担額が高額になりすぎないように、要介護度別に包括して金額を設定しているところもあります。

ただし、実際には、まだまだ、このような取り組みがなされている住宅型有料老人ホームは多くはありません。「介護が必要になれば、必要に応じて訪問・通所サービスで対応します」と言われれば、確かに可能なような気がしますが、継続して生活を介護するという観点からは、快適な生活を送ることはむずかしいのです。

6　「外部サービス利用型」有料老人ホームの登場

▼介護付・住宅型に加え、新しい形の介護システムが登場
▼今後、この「外部サービス利用型」の有料老人ホームが増えてくる

２００６年（平成18年）４月の介護報酬改定*で、「外部サービス利用型特定施設入居者生活介護」が制度化され、これまでの住宅型有料老人ホーム、介護付有料老人ホームに加えて、新しい介護システムの有料老人ホーム（外部サービス利用型有料老人ホーム）が誕生します。今後増加が見込まれているこの新介護システムについて、その概要と方向性について解説します。

*本節の報酬単価などについては、２００６年（平成18年）２月現在で発表されている情報・単価を基準に作成されており、４月までの間に変更となる可能性があります。

(1) 介護システムの特徴

この「外部サービス利用型」は、一言で言えば、介護付有料老人ホームのような日額算定方式の定額部分と、利用者単位の出来高で計算する区分限度額方式の「混合型」です【図２－７】。

図2-7　外部サービス利用型特定施設入居者生活介護の概要

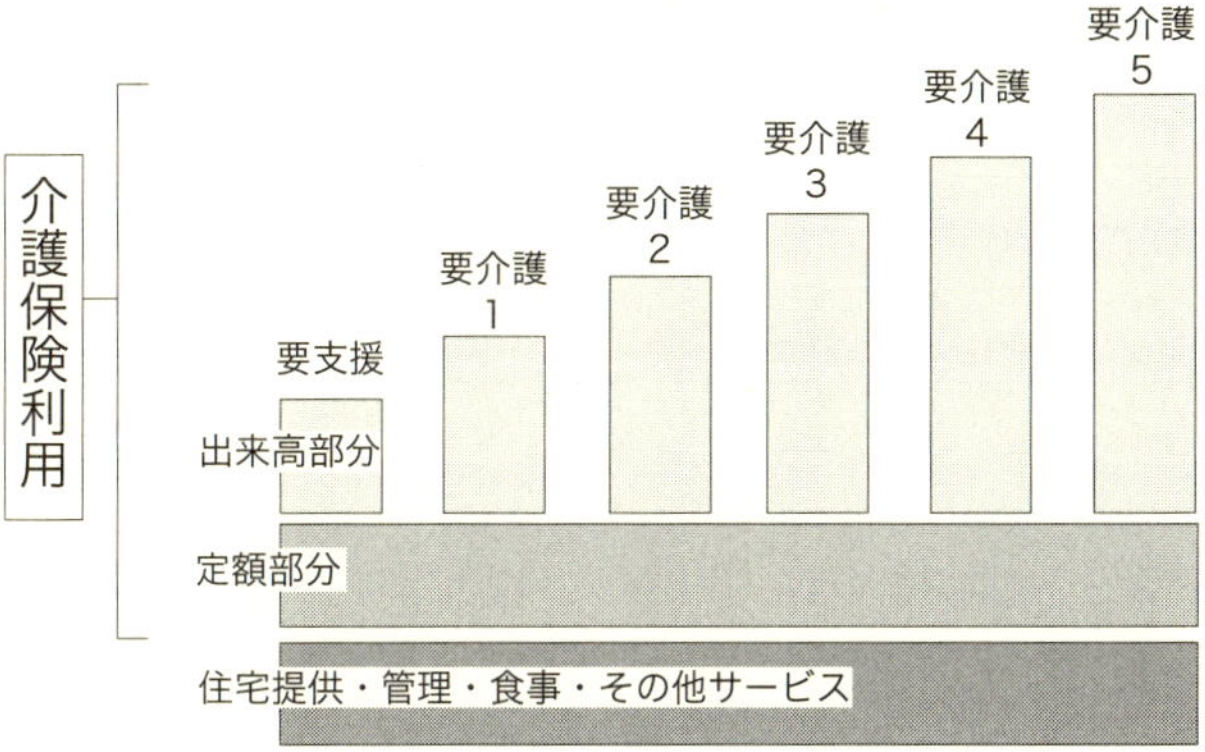

出来高部分（要介護度別、限度額方式）――個別サービス部分（訪問介護・通所介護等）
定額部分（定額、日額算定方式）――生活相談・介護サービス計画の策定・安否確認

サービスのうち、「生活相談」「介護サービス計画の策定」「安否確認の実施」については、すべての入居者に対する共通のサービスとして定額の基本部分とし、個別の要介護度やニーズによって変わる部分については出来高とし、「訪問介護」「訪問看護」「通所介護」などのサービスを利用することになります【表2-11】。

表2-12に一例を挙げました。要介護3の高齢者が1ヵ月（30日）入居した場合、限度額は2万0763単位です。このうち基本部分として2520単位（84単位×30日）必要になりますから、サービス利用限度額として1万8243単位が残ります。個別に受けた訪問介護・通所介護などの介護サービスのうち、この限度額の範囲のものは介護保険が適用され、それを超えた分は全額自己負担となります。

もう一点、この「外部サービス利用型」で留意

表2-11　外部サービス型の報酬単価
――外部サービス利用型特定施設入居者生活介護

基本部分

<table>
<tr><th colspan="4">項目</th><th>報酬単価*</th></tr>
<tr><td rowspan="3">予防給付
(要支援1・2)</td><td colspan="3">基本部分</td><td>63単位／日</td></tr>
<tr><td rowspan="2">出来高部分</td><td colspan="2">①訪問系・通所系サービス</td><td>通常の各サービスの基本部分の単位の90／100の単位</td></tr>
<tr><td colspan="2">②指定福祉用具貸与</td><td>貸与額を適用（対象品目・対象者も通常と同様）</td></tr>
<tr><td rowspan="6">介護給付
(要介護1～5)</td><td colspan="3">基本部分</td><td>84単位／日</td></tr>
<tr><td rowspan="5">出来高部分</td><td rowspan="3">①訪問介護</td><td>身体介護</td><td>90単位／15分（1時間30分以上の場合――＋37単位）</td></tr>
<tr><td>生活援助</td><td>45単位／15分</td></tr>
<tr><td>通院等乗降介助</td><td>90単位／1回</td></tr>
<tr><td colspan="2">②その他の訪問系・通所系サービス</td><td>通常の各サービスの基本部分の単位の90／100の単位</td></tr>
<tr><td colspan="2">③指定福祉用具貸与</td><td>貸与額を適用（対象品目・対象者も通常と同様）</td></tr>
</table>

＊報酬単価は変更の可能性がある

限度額＝基本部分＋出来高部分の限度額

要支援1	4,970単位／月
要支援2	10,400単位／月
要介護1	16,689単位／月
要介護2	18,726単位／月
要介護3	20,763単位／月
要介護4	22,800単位／月
要介護5	24,867単位／月

表2-12　外部サービス利用型の報酬計算例

要介護３の人が外部サービス利用型有料老人ホームに１ヵ月（30日）入居した場合の一例

要介護３の限度額		20,763単位（A）
基本部分	84単位×30日	＝ 2,520単位（B）
出来高部分の限度額	A－B	＝18,243単位（C）
出来高利用の内訳		
訪問介護（身体介護）	90単位×150回	＝13,500単位
訪問介護（生活援助）	45単位×8回	＝ 360単位
訪問看護	425単位×0.9×8回	＝ 3,060単位
通所介護	645単位×0.9×8回	＝ 4,644単位
出来高利用計		＝21,564単位（D）
上乗せ介護分	D－C	＝ 3,321単位（E）
介護報酬	（B＋D）×10円（地区単価）	＝ 240,840円（F）
保険適用	A×10円×0.9	＝ 186,867円（G）
入居者介護サービス利用料合計	F－G	＝ 53,973円
【内訳】入居者保険１割負担分	A×10円×0.1	＝ 20,763円
入居者上乗せ介護負担分	E×10円	＝ 33,210円

＊報酬単価は表2-11参照
＊加算等については算定していない

すべきことは、定額の「介護サービス計画の策定」などのサービスだけでなく、訪問介護・通所介護などの外部サービスも有料老人ホームの責任で提供されるということです。

ただし、介護付有料老人ホームのように、すべて老人ホームのスタッフが介護サービスの提供をするわけではありません。厚生労働省は、その特徴として「生活相談や介護サービス計画の策定、安否確認の実施は、特定施設（有料老人ホームなど）の従事者が実施し、介護サービスの提供については、当該特定施設が外部サービス提供事業者（訪問介護など）と契約することにより提供する」としています。つまり、出来高部分のサービスについては、有料老人ホームが、外部の介護サービス事業者と契約し、入居者は有料老人ホームのスタッフが作成したケアプランにもとづいて、ホームが契約した外部業者からサービスを受けるということになります。その対象サービスは、「訪問介護」「訪問入浴介護」「訪問看護」「訪問リハビリテーション」「通所介護」「通所リハビリテーション」「福祉用具貸与」の7種類に分かれています。

住宅型のような入居者と介護サービス事業所との個別契約ではありませんから、介護保険の1割負担も、各サービス事業所にではなく、有料老人ホームに支払うことになります【図2－8】。これは、言い換えれば、介護サービスを提供する責任が有料老人ホームにあるということです。

住宅型有料老人ホームの場合、介護サービスを提供する事業者は、入居者個人との別契約ですから、たとえばホーム内のイベントに合わせて、介護サービスを一体的に提供することがむずかしくなります。また、訪問介護などの介護サービスの質が悪い場合、夕食は出ているのに、

図２−８　住宅型と外部サービス利用型の違い

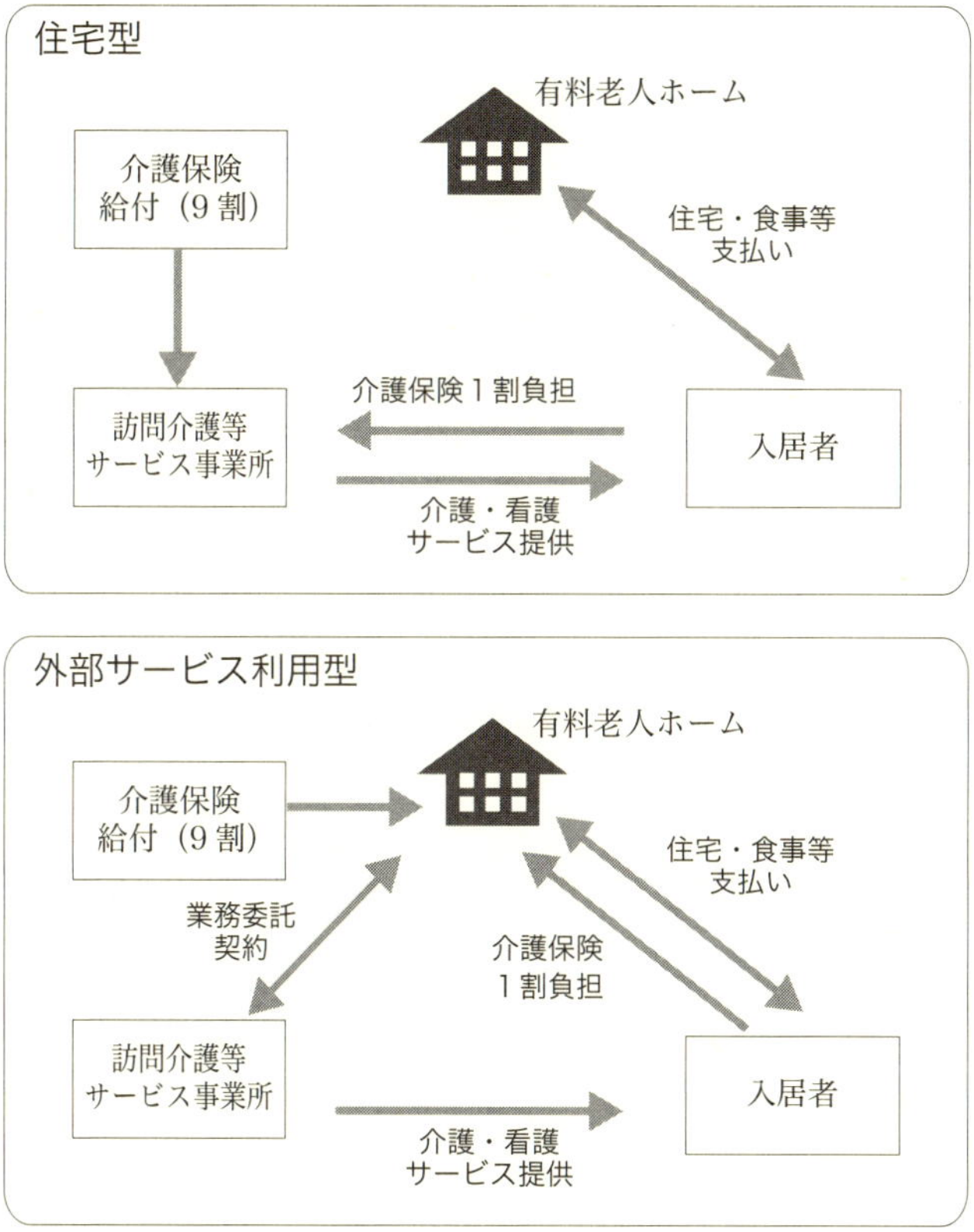

＊外部サービス利用型は出来高部分のみ

ホームヘルパーさん（訪問介護）が遅れていて、食べられないということにもなりかねません。しかし、この「外部サービス利用型」の場合、有料老人ホームの責任で介護サービスを提供することが求められますので、入居者にとっても安心です。

また、介護サービス計画を行うケアマネージャーがホーム内に常駐していますので、身体状況の変化にすぐに対応できることや、行われているサービスの内容を、その場ですぐにチェックすることも可能です。特に要介護状態が重度になってくると、身体状況の変化が大きくなることや、介護サービスはホームでの生活と切り離すことができませんので、これらが有料老人ホームの責任で行われるということは、非常に重要なことなのです。

(2) 重度化への対応

この「外部サービス利用型」の場合、事例で示した通り、各要介護度の限度額から定額の基本部分を引いた出来高の限度額内で、受けた介護サービスに対して介護保険が適用されることになります。一般の訪問介護サービスとは違い、15分以内の短時間の訪問介護が導入されるなど、重度要介護高齢者への短時間の「隙間のケア」に配慮されているのもその特徴です。しかし、述べたように、この介護保険制度は、介護サービスの基本部分（つまり最低限度）を保障する制度ですから、この「外部サービス利用型」の指定が、十分な介護サービスを保証するものではありません。

定額の共通サービスは、生活相談や安否確認ですから、ホームのスタッフは、緊急時以外、基本的に介護サービスの提供は行いません。介護サービスは、出来高（つまりサービスを受けた分）によって計算され、その限度額を超えた部分については、すべて全額自費となります。ケアマネージャーが常駐していますから、住宅型有料老人ホームと比較して、簡単にサービス内容の変更やサービスの追加ができるのですが、逆に「請求書を見て驚いた」「請求が気になって必要なサービスがうけられない」というケースが発生する可能性もあります。

ですから、この「外部サービス利用型」の指定を受ける有料老人ホームでは、「隙間のケア」「臨時のケア」に対応するために、ホームヘルパー（訪問介護）を常駐させて、要介護度別に「どれだけサービスを受けても費用は変わらない」という包括した「上乗せ介護費用」を設定するところが多くなると考えています。

この「上乗せ介護費用」の設定方法は、要介護度別に設定する方法と、全入居者を同額とする二つの方法に分かれます【図2－9】。常駐させるスタッフの人数や、上乗せの対象とするサービス内容を、訪問介護サービス（ホームヘルパーによる介護）だけとするのか、看護師を24時間常駐させて訪問看護サービスも含めるのかなどによって、上乗せ介護費用の設定方法や設定金額は変わってきます。この上乗せ介護費用を徴収する場合は、その計算根拠を示すことが必要になりますが、介護付有料老人ホームの場合と同じく、手厚くなった分だけ、上乗せ介護費用が高くなるというのが基本です。

図2－9　外部サービス利用型の上乗せ介護費用

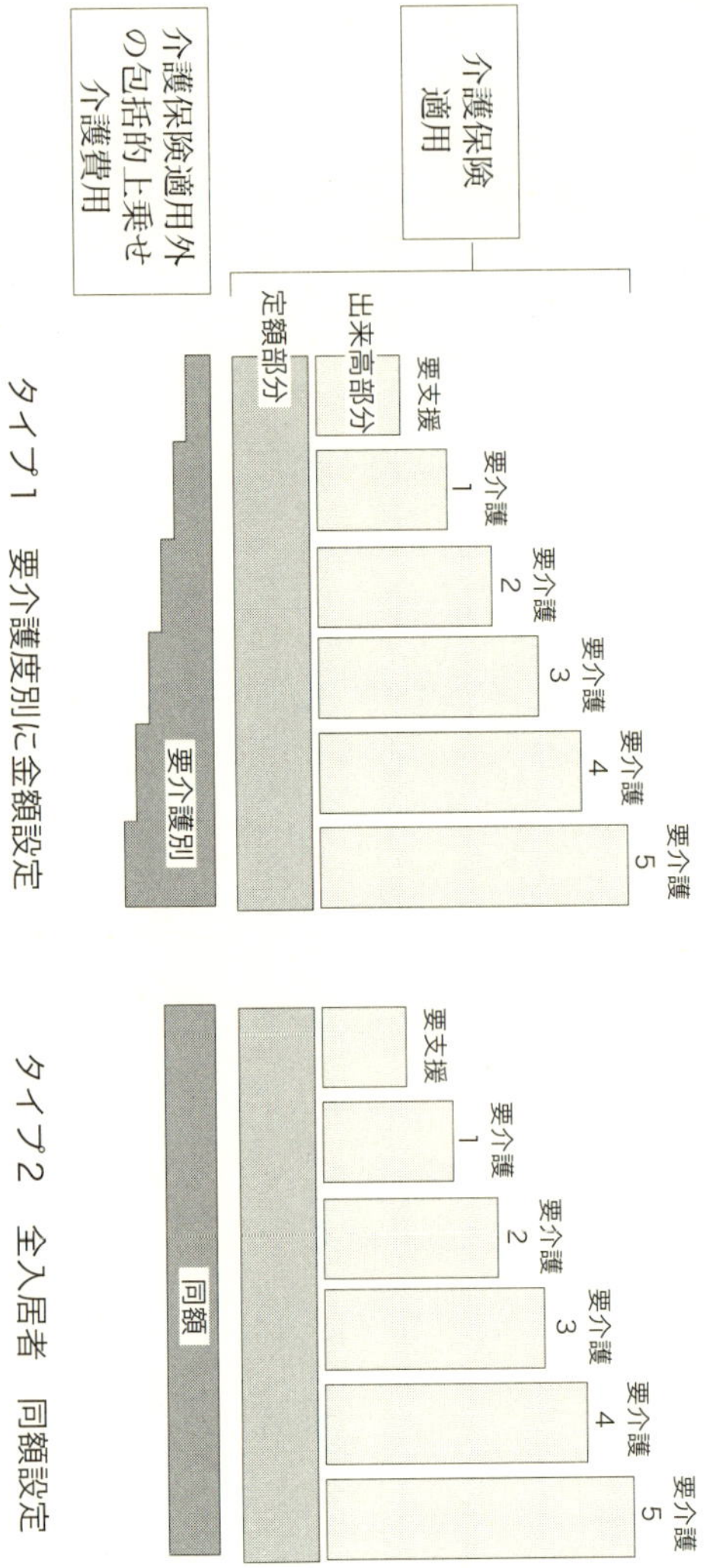

ですから、同様に「重度要介護状態になっても大丈夫か」「どの程度手厚い介護を受けたいのか」「上乗せ介護費用はどの程度かかるのか」などによって、その選択は、大きく変わってくるのです。

この「外部サービス利用型」は、これまで対象となっていなかった、高齢者向け優良賃貸住宅や養護老人ホームもその対象となります。また、特定施設入居者生活介護の指定が進んでいないケアハウスや、現在の住宅型有料老人ホームがこの指定を受けて、住宅型から外部サービス利用型へ移行するホームも増えてくるでしょう。

介護保険制度は、「利用者個人がサービスを選択する」ということが基本理念ですから、現在の介護付有料老人ホームの指定は制限され、二〇〇六年度以降は、この外部サービス利用型の有料老人ホームが中心になると考えられています。

第2部　ホーム選び篇

第３章　有料老人ホーム選びの基本

1　ホーム選び失敗のパターン

▼有料老人ホーム選びにおいて、最大の失敗の原因は、「不安と焦り」

▼その不安が、目や耳をふさいで、失敗の連鎖につながっている

有料老人ホームの増加に比例して、トラブルやクレームも急増しています。有料老人ホームは、金額的にも大きな買い物ですし、一度入居契約を交わすと、そう簡単に解約・退居することはできません。有料老人ホームは他に類例のないサービス・商品です。住宅という点からは、マンション探しに似たところもありますが、これよりもチェックすべきポイント、事前に確認しなければならないポイントは、たくさんあります。入居後に「こんなはずではなかった」「有料老人ホーム選びを失敗した」と後悔する人の多くが、同じような過ち・失敗を犯しています。

「早く決めたい」「早く安心したい」という気持ちが、「入居者本人の気持ちを考えず」「基礎知識や事前準備のないまま」「見学をして」「美辞麗句を聞いて」「その場で決断」という、失敗の連鎖を重ねてしまうのです。

⑴ 不安・焦り

有料老人ホームへの入居を検討する最大の理由は、将来の生活や健康への不安です。家族の介護の問題は、脳梗塞による麻痺などで、ある日突然持ち上がることが多いのです。特に、要介護高齢者を対象とした有料老人ホームを希望する人の場合は、この傾向が強くなります。病院から早期退院を促され、「自宅で生活できない」「特別養護老人ホームも入れない」ということを知り、あわてて探している家族も多いようです。しかし、不安や焦りの中では、どうしても、「早く不安から解消されたい」「どこでもよいので早く探したい」と言う意識が強くなります。その結果、美辞麗句やセールスポイントだけに目が行ってしまい、詳細に検討したり、他の有料老人ホームとの比較をせず、また「一部の悪徳業者だけの問題」「このホームだけは大丈夫」と、トラブルやリスクなど重要な問題から目を背けてしまう傾向にあります。

⑵ 見学から始めてしまう

実際の有料老人ホーム選びにおいて、「高級な老人ホーム？」といった漠然としたイメージのままで、「とりあえず見学すればわかる」と見学から始める人がいます。訪問し、ホームの雰囲気やサービスの質を確認することは、有料老人ホーム選びに不可欠ですが、基礎知識や事前準備もなくただ見学に行っても、一方的にセールストークを聞くだけになってしまいます。それでは、その場限りの質問しかできず、その説明を鵜呑みにして、結局は「感じがよい」「部屋がきれい」などの見た目や雰囲気だけで決定することになります。「いくつものホームを見学したのですが」と言う人も多いのですが、事前の準備を何もせず、見学をするだけでは、ほとんど何もわからないのです。

(3) その場で気に入って決断

「今の有料老人ホームは気に入らない」という相談者の話を聞くと、「一目見て気に入った」「最初のホームで決断した」と、一つ、二つ程度のホームしか、検討していない人が目につきます。見学に行っただけなのに、その場で決めてしまったという人は、自分の持っている有料老人ホームのイメージと比較しただけで、実際のサービスを検討したり、他の有料老人ホームと比べたわけではありません。有料老人ホームは大きく変化しておりサービス内容も多様化しています。契約した後で他のホームのパンフレットや広告を見て、「向こうのホームが本人には良かった」「もう少し考えれば良かった」と後悔しても、どうしようもありません。

(4) 美辞麗句に惑わされる

有料老人ホームに見学に行くと、「介護になっても安心です・快適です」という話を聞きます。有料老人ホームは、個人と運営会社との契約ですから、契約書に書かれた内容がすべてなのですが、説明だけを信じて、契約書の中身を詳細に検討せずに、契約書に判を押したという人も少なくありません。有料老人ホームは、特別養護老人ホームのような福祉施設ではなく、すべて民間の契約で入居（購入）するサービスですから、その内容は有料老人ホームごとに大きく違います。「むずかしいことは読んでもわからない」「説明を聞けば十分」という人がいますが、有料老人ホームで最も多いのが、「説明とサービス内容が違う」「そんな話は聞いていない」といった、契約をめぐるトラブルです。「快適・安心」というような美辞麗句は主観的なもので、サービス内容や質を保証するものではないのです。

(5) 入居者本人が納得していない

「両親を安心できる有料老人ホームに入居させたい」と考える家族は多くなっていますが、入居する本人がどのように考えているのかは非常に重要です。本人の意思を無視して入居を決めても、有料老人ホームで豊かな生活を送ることはできません。体調を崩して入院したり、気力が低下し認知症の問題行動が発生したりと、短期間で退居を余儀なくされるケースもあります。中には誤魔化したり、嘘をついてまで入居させようとする家族もいますが、良かれと思ってすることでも、それは入居者本人の幸せにはつながりません。事前にしっかり話し合っておくことが必要です。

２　五つの心構え

▼有料老人ホームは、特養ホームと違い、建設ラッシュでまだまだ買い手市場
▼入居後の生活をイメージしながら、しっかり比較・検討することが必要

⑴　余裕を持って探す

骨折・脳梗塞などで家族の介護の問題が発生した場合、病院からの退院促進や、家族同士での話し合い、同居のむずかしさなど、考えるだけで気が重くなります。しかし、最近では、高額なホームだけでなく、一時金や月額費用も中階層を対象としたものが次々と開設されていますから、その解決の一手段として有料老人ホームが当てはまるのであれば、道は大きく開けてきます。また、ショートステイ（１週間〜２週間程度）や老人保健施設への一時入所（３ヵ月〜６ヵ月程度）を利用すれば、次の生活の場を探すための時間は十分に確保されます。

有料老人ホーム業界は、買い手市場であり、新しい有料老人ホームが開所と同時に１００％埋まってしまうということはありません。現状の焦りや不安から逃れるためではなく、家族や本人の希望を取り入れた新しい生活のために、じっくり探すという心の余裕を持つことが大切

です。

(2) ホーム選びの三大要素をおさえて――場所、サービス、価格

有料老人ホーム選びの三大要素は、「場所」「サービス」「価格」です。要介護高齢者の場合は、「子供や家族に近いホームで、介護サービスが付いていて、入居一時金は500万円程度、月額費用は17万円以内のホーム」などとターゲットを絞り込んで、探し始めることになります。

ただし、有料老人ホームのサービスや価格は多様化していますので、「介護サービスが手厚い」「医療ニーズにも対応」「部屋が広い」「基本サービス中心だが低額」など、ホームごとにセールスポイントは違います。ですから、どのようなポイントに重点を置くのかを、事前に話し合っておくことが必要です。同時に、有料老人ホームへの転居で、新しい生活に対する不安も大きくなりますから、トラブルやリスクから目をそらさずに、入居にあたっての不安を整理しておくことも大切です。

人に紹介されて評判のよいホームに入居したけれど、自分の家族には合わないということも少なくありません。評判や他人からの紹介は大切な情報の一つですが、「理想の有料老人ホーム」は、それぞれの入居者や家族の希望や身体状況によって違うのです。

(3) できるだけ多くのホームを比較・検討する

有料老人ホーム選びは、多様化している有料老人ホームを比較・検討することです。パンフレットを見ながら、たくさんのホームを比較すればするほど、「AホームとBホームは、一時金の償却方法違うな！」「同じ介護付でもスタッフの数が違うな！」「このホームは食事が別料金か！」など、有料老人ホームごとに、そのサービス内容や価格設定の方法が大きく違うということがわかってきます。地域での有料老人ホーム数にもよりますが、少なくとも3社、できれば5社～10社の有料老人ホームを比較・検討しないと、その概要をつかむことはできません。入居者や家族のニーズに沿って、できるだけ多くの有料老人ホームを比較・検討・見学を行うことが、有料老人ホーム選びには不可欠です。

⑷ 入居後の生活をイメージして見学

初めて有料老人ホームの見学に行くと、その建物や設備の豪華さに驚き、事前にサービス内容を比較・検討していても、建物や雰囲気に飲まれてしまう方がいます。しかし、要介護状態の高齢者が有料老人ホームで快適に生活するためには、仕様の豪華さよりも、「移動のしやすさ」「使いやすさ」が、より重要になってきます。それは入居者の身体的状況によって大きく違いますから、見学をより有意義なものとするためには、入居者の実際の生活をイメージすることです。

運営が始まっている有料老人ホームであれば、どの部屋に入居することになるのかわかりますから、リビングへの距離やプライバシーなどの居住環境、入居中の高齢者の生活も見ることができます。また、新しいホームであれば、一番本人に合った部屋を選ぶことができるでしょう。部屋の広さや向き、車椅子生活での居室環境、本人が持っていきたい家具は入るかなど、実際の入居時の生活に合わせた質問をすることも可能です。より具体性をもって見学すると、その質問の幅も大きく広がります

⑸疑問は納得するまで確認する

有料老人ホーム選びは、ほとんどの人にとって初めての経験です。事前にパンフレットなどで比較をしていても、一度の見学でその内容をすべて理解することはむずかしく、契約書や重要事項説明書を読んでも、わからないことや新しい疑問は次々とでてきます。また、他のホームの見学で聞いた新しい情報によって発生する疑問や、入居者や家族それぞれの個別の希望や心配もあるでしょう。

せっかく事前に準備していても、「経営のことやトラブルについては質問しにくい」と言う話をよく聞きます。実際に、経営やトラブルなどの問題については、触れられたくないという有料老人ホームも多いようです。しかし、答えにくい質問はすべて重要なポイントです。また、「個人的なことは恥ずかしくて聞けない」という声もありますが、対応のむずかしい希望やニーズに対して、どのように答えるかで、その有料老人ホームの経営体質や誠意を読み取ることが

できます。大切な家族の生活の基礎ですから、どのような問題でも気になることは、すべて確認しなければなりません。

特に、見学は、「親父は頑固で、他の入居者とのトラブルが心配」「タバコやお酒は……」「家具はどの程度持ち込めるか」など、個人的なことを相談するために行うと言っても過言ではありません。逆に個別の相談ができないような雰囲気なのであれば、その説明者は優秀なスタッフだとは言えませんし、答えにくい質問にあいまいな回答しかできないのであれば、ホーム自体の資質を問われることになるでしょう。

3　ホーム選びの流れ

▼有料老人ホーム探しは、選ぶことではなく現状確認から始まる
▼急いでいる時こそ、全体の流れをイメージすることが必要

有料老人ホームは、豊かな老後の生活を送るための基盤となるものです。ですから、ゆっくり時間をかけて探したいと思う反面、病院から退院を促されているなど、緊急性が高いケースも多く、いざ探し始めるとなると、どこから手をつけていいのかわからないものです。ここでは、有料老人ホーム選びの流れについて、説明します。

(1) 基本的な知識を得る

有料老人ホームを選ぶにあたっては、特別養護老人ホームとの違いや、どのようなトラブルが多いのか、どのようなリスクがあるのか、介護付有料老人ホームと住宅型有料老人ホームの介護方法の違いなど、必要な知識を得ておくことが必要です。基本的な知識については、この本をまず読んでいただくことですが、その他、介護保険制度や年金制度なども大きく変化していきますので、行政のリーフレットや新聞、インターネットなど、さまざまな媒体を利用して、最新の知識を得ることが必要です。

(2) 入居者・家族の状況を確認する

有料老人ホームは、それぞれにサービス内容やセールスポイントが違いますから、本人や家族の希望に最も合ったサービスや価格の有料老人ホームを選ぶという視点が重要です。「自分達のことだから……」と理解しているつもりでも、同居していない場合や入院で、身体の状況が大きく変化していることもあります。その場合、疾病や認知症の問題で、入居を断られる可能性もでてきます。また、入居後にお金が足りなくなったり、入居後に兄弟間で諍いになったりと、家族間でのトラブルの原因にもなります。有料老人ホーム探しの土台になるものですから、十分に確認しておくことが必要です。「第4章　入居者・家族の状況を確認する」でそのポイントについて解説しています。

(3) 情報収集を行う

有料老人ホーム選びは、対象となる有料老人ホームの情報をできるだけ多く収集することから始まります。インターネットの普及でほとんどの有料老人ホームは、HPを開設していますが、残念ながら、それだけではわからないこともたくさんありますし、横断的に内容を比較することができません。入居を希望されるエリア（地域）と、おおよその支払い限度額が決まれば、現在運営中のホームだけでなく、これから開設されるホームも含めて、その地域内にある有料老人ホームのパンフレットを、できるだけ多く集めることが必要です。また、担当のケアマネージャー、病院の相談員にも、その有料老人ホームの評判を聞くとよいでしょう。情報提供サイト「お探し介護」（http://www.osagashi-kaigo.com/）のように、インターネット上のHPや電話で、地域の有料老人ホームを調べたり、無料で一括してパンフレットが請求できるサービスもあり、非常に便利です。筆者もこのサイトの情報提供に参加しています【図3－1】。

(4) サービス・価格を比較検討する

資料が送られてくれば、すぐに見学に出かけたいところですが、まずは資料をもとに、価格やサービス内容を、事前にできるだけ比較検討しておくことが必要です。述べたように、同じ介護付有料老人ホームでも介護サービスの手厚さやサービス内容はそれぞれに違いますし、月

図3-1　情報提供サイト『お探し介護』

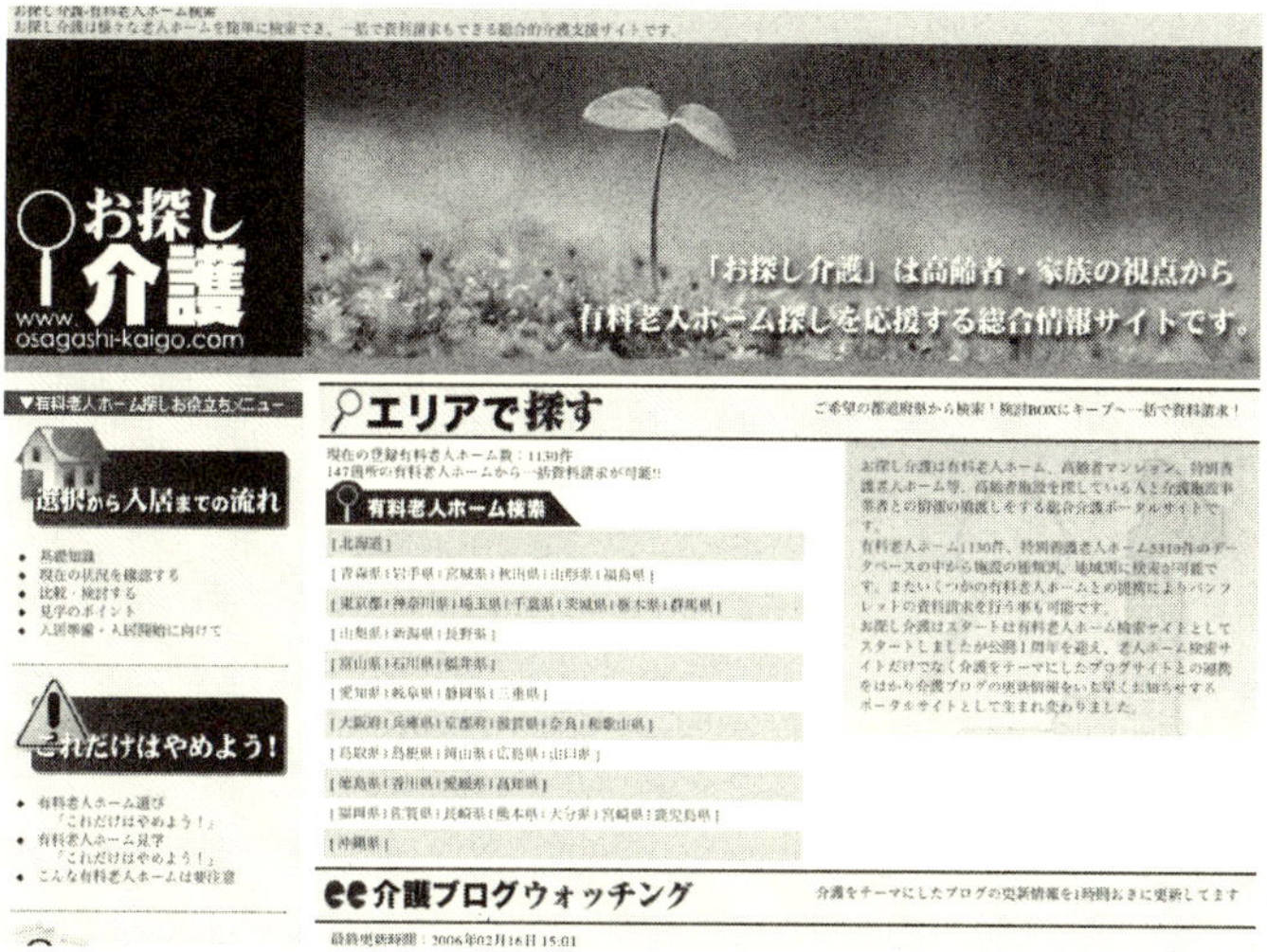

『お探し介護』でパンフレットを請求すると「特製チェックリスト」が提供される

電話番号 0120-01-8833　HP アドレス http://www.osagashi-kaigo.

額費用として同程度の価格が示されていても、その中に含まれるサービス内容は違います。これはその内容を確認するということだけではなく、有料老人ホームに質問するべきことを整理しておくという面ももっており、有意義な見学をするためにも不可欠です。比較するポイントは、「第5章　有料老人ホームを比較・検討する」で解説しています。

(5) 有料老人ホームを見学する

資料の比較検討の中で、疑問点が整理できれば、いよいよ見学です。最初はできるだけ多くのホームを見学し、サービス内容などの疑問点について質問します。そして、見学時にもらった契約書や重要事項説明書を、じっくりと読んで比較検討し、その見学で得た情報を整理して、入居希望のホームを絞り込んでいきます。

また、一度見学に行って、気に入ったホームには、契約までに少なくとも、もう一度見学することが必要です。入居者本人が要介護状態の場合は、一緒に多くの有料老人ホームを回ることは、精神的にも身体的にも大変ですし、また、本人と一緒では、聞きにくいような質問や相談もあります。だからといって、生活する本人が見ていないということでは、意見が反映されず、不安を大きくさせることになります。ですから、一度目は家族だけで、いくつかの条件に合った有料老人ホームを見学し、その中で気に入った有料老人ホームが見つかれば、本人と一緒に、もう一度見学されることをお薦めします。見学のポイントや注意については、「第6章　有料老人ホームを見学しよう」で解説しています。

⑹ 入居準備・入居開始

希望の有料老人ホームが見つかれば、入居準備に入ります。この準備期間や入居開始から有料老人ホームになれるまでの3ヵ月程度は、豊かな有料老人ホーム生活を行う上で、非常に重要な期間です。入居準備、体験入居、事務手続きなど必要な事項については、「第7章　入居準備と契約」で解説しています。

4　こんな有料老人ホームは要注意

▼有料老人ホームは新規参入の企業も多く、まだ玉石混淆状態
▼「美辞麗句」「スタッフの態度」、しっかり見極めよう

有料老人ホーム事業は、急速に発展している反面、新規参入の事業者も多く、その質は玉石混淆の状態にあります。一面だけを見て、「よい・悪い」と決められるものではありませんが、後日トラブルに巻き込まれないようにするために、注意すべき有料老人ホームの特徴について解説します。

注意①　契約を急がせる

「もうこの部屋しか空いていませんから、早く契約しないと入れなくなりますよ」「他の方も見学にこられる予定ですから、急いでください」。そう勧められて急いで契約したけれど、入居してみれば、まだ多くの居室が空いていたということがあります。特に病院からの退院を迫られていたり、急いで入居先を探している家族の弱みにつけ込んで、このような強引な勧誘をする有料老人ホームは要注意です。有料老人ホームは「売れば終わり」というものではなく、入居後から実際のサービス・生活が始まります。有料老人ホームとしても、入居者に豊かな生

活を送ってもらうためには、そのサービス内容をしっかり理解してもらい、また、入居者がそのホームでの生活に適しているのかを把握する必要があります。あいまいなままで急いで契約されることは、逆にトラブルの種をまくことになり、経営サイドとしても困るはずです。

「契約を急がせる有料老人ホーム」は、優秀なホームである可能性は低いと考えて正解です。

注意②　事前に契約書類を渡さない

「契約書などは、契約時又は、契約が決まってからお渡しします」。見学時に契約書などの資料をもらって帰ろうとすると、そのように言われる有料老人ホームがあるようです。しかし、契約まで契約書や管理規定などが確認できないのであれば、事前にその契約内容を検討することができません。ですから事前に資料が渡せないと言うことは、サービス内容に自信がないか、説明内容と違うかのどちらかです。

有料老人ホームでは「説明と契約内容が違う」といったトラブルが多発しており、入居者や家族が大きな被害を受けるケースも少なくないため、これらの情報開示については、行政から非常に厳しく指導されるようになっています。

入居契約書・重要事項説明書、財務諸表などの「入居判断書類を事前に渡せない有料老人ホーム」が、優秀なホームである可能性はありません。

注意③　説明に美辞麗句が多い

有料老人ホームのパンフレットには、「安心」や「快適」など美辞麗句が踊っていますし、「終身介護」「24時間緊急対応」「○○医療機関と提携で安心」などと書いてあります。入居者や家族からすれば「終身介護ですから、お亡くなりになるまで安心して介護を受けられます」とパンフレットに書いてあれば、「死ぬまで何があっても老人ホームが面倒を見てくれる」と思ってしまいます。しかし、実際は、認知症の問題行動の発生や入居者とのトラブル、長期入院などで、退居を求められるケースもあります。

「安心」「豊かな老後」などの美辞麗句は多くが主観的なもので、サービス内容が約束されるものではありません。有料老人ホーム協会や消費者センターでは、有料老人ホームへの入居を考えている人に対し、誤解を招くような広告や表示に注意するように呼びかけており、また、公正取引委員会は、入居希望者に対する広告や表示について景品表示法に触れる不当表示の細かい例を告示して取り締まりを行っています。

また、説明の中に「少しぐらい」「こちらで何とか」「たぶん大丈夫ですよ」と、あいまいな言葉が多い老人ホームも信用できません。経験が少ないために、そのサービス内容が良くわかっていないと言えます。「常時介護スタッフがお世話します」ではなく、「総介護スタッフ数は○名、常勤換算で○名」「昼間は○名、夜間は○名のスタッフが対応します」「介護福祉士○名、ヘルパー2級のスタッフ○名」など、基本事項については、客観的な事実や数字で表すことが求められています。「本当に死ぬまで介護してもらえるのか」「緊急対応とは何をするのか」といった重要で基本的なポイントでさえ、「できること・できないこと」「サービス内・サービス外」「管理費に含まれる・選択サービス」と数字や事例をあげて説明しなければ実際の内容はわかりません。

「美辞麗句が多くあいまいな回答が多い有料老人ホーム」が、優秀なホームである可能性はかなり低いと言えます。

注意④　介護スタッフの態度が悪い

「○○ちゃ～ん。オムツとって～」「○○さ～ん（入居者）、こっちこっち」

有料老人ホームに行くと、そのような言葉が聞こえるホームかあります。また、介護スタッフが靴を踏んで歩いていたり、ダラダラと仕事をしているのを目にすることもあります。介護サービスは、人が人に行う専門的な対人援助サービスですから、介護スタッフの数が多くても、介護スタッフの態度や技術が悪ければよいサービスを受けることはできません。有料老人ホームの掲げている理念や、担当者の説明内容が優れていても、その考えが基本的なサービスを行う介護スタッフに行き届いていなければ、それは「絵に書いた餅」で、意味がありません。スタッフの質がその有料老人ホームのサービスの質そのものです。

「介護スタッフの態度の悪い有料老人ホーム」が、優秀なホームである可能性はありません。

注意⑤　居室がたくさん空いている

運営を始めて何年も経過するのに、見学に行くとまだ半数以上の居室が空室になっている有料老人ホームがあります。それは入居者募集がうまくいっていない証拠です。

有料老人ホームは特別養護老人ホームのような行政責任で行われている福祉施設ではありませんから、入居者が集まらなければ、突然、事業閉鎖・倒産してしまう可能性があります。そうなると、サービスが止まってしまい、有料老人ホーム内で生活できなくなりますし、高額の入居一時金を支払っていても、退居返還金が契約通り戻ってこなくなる可能性もあります。運営当初であれば、これから入居者が増加していくということも考えられますが、長期間運営していても入居者が集まっていない有料老人ホームは、その他何か経営上・サービス提供上の問題を抱えている可能性もあります。

「居室のたくさん空いている有料老人ホーム」は、経営状態に注意が必要です。

注意⑥　運営懇談会が開かれていない

運営懇談会は、老人ホーム側と入居者・家族側が集まって、有料老人ホームのサービスや様々な問題について、話し合う場です。契約書や管理規定などで、この運営懇談会について規定しているホームは多いのですが、実際には定期的に行われていないところや、中には一度も行われていないところもあるようです。

介護保険の改定や有料老人ホームの収支状況、管理規定の変更など、入居者や家族が知るべき情報はたくさんありますし、今後は、経営やサービスを安定させる上でも、有料老人ホームからの情報開示はより重要になってきます。運営懇談会は、入居者・家族と老人ホームをつなぐ大切な会議です。「実際に運営懇談会が開かれていない有料老人ホーム」は、サービスや経営に問題を抱えた有料老人ホームだと言えるでしょう。

第4章　入居者・家族の状況を確認する

有料老人ホーム選びは、多種多様なサービスの中から、家族や本人の希望に最も合った老人ホームを選ぶという視点が必要です。ですから、その第一ステップは、現在の家族や入居者の状況を確認することです。

ここでは、「身体の状況」「入居意思」「本人・家族の希望」「負担限度額」の4点に分けて、有料老人ホームを探し始めるにあたって整理しておくべきポイントや、心構えなどについて解説します。

1　身体の状況は

▼介護サービスの必要度は？　ＡＤＬ（日常生活動作）は？

▼入居者の身体の状態をしっかり把握することから、ホーム選びが始まる

有料老人ホームへの入居を検討するにあたって、一番初めに確認しておかなければならないことは、現在の身体の状態です。

現在の有料老人ホームの入居は、

①介護が必要な状態の高齢者（要介護高齢者）だけを対象とした有料老人ホーム
②介護が必要な状態でない高齢者（自立高齢者）だけを対象とした有料老人ホーム
③どちらの高齢者も対象としている有料老人ホーム

の三つに、分けられています。

ですから、「将来的に介護が必要」「できれば介護付のホームに」という希望ではなく、入居する予定の高齢者が、現在介護が必要な状態にあるのか、また、どの程度の介護が必要なのかを知ることが有料老人ホーム選定の第一歩です。「第2章　介護保険制度と有料老人ホーム」で述べたように、介護保険サービスが受けられるか否かは、介護保険制度上の要介護認定によって決定されます。

ここで重要なことは、本人や家族だけで勝手に判断しないことです。一人暮らしが心配だから介護付の有料老人ホームに入れたいと考えていても、「一人で生活できているから自立と判断されて、入居は無理だろう」と考える人も少なくありません。私は、４年間、介護認定審査委員をしていましたが、一人で自立した生活をしているように見えても、専門的な見地から認定を行うと、生活の一部については介護サポートを入れたほうがよいだろう（要介護１）、中程度の介護を要する（要介護２）などと、判断される場合があります。この要介護認定がなければ、介護保険制度上の介護サービスを受けることができないので、有料老人ホームの入居に関わらず、介護に対して心配がある場合は、要介護認定を受けておくとよいでしょう。

この要介護認定は、７段階に分けて要介護度を判断するものですが、「要介護２」だと言っても、それぞれの身体状態は違いますので、ＡＤＬ（日常生活動作）の状態を把握することも重要です。ＡＤＬとは「Activities of Daily Living」の略で、食事、排泄、着脱衣、入浴、移動、寝起きなど、日常の生活を送るために必要な基本動作すべての能力を指します。これは、障害や介護の状態を図るもので、要介護度が同じでも、それぞれに状態は違いますから、「食事には介助が必要」「排泄は自分でトイレまで行ける」「オムツを使用している」「自分で歩いているがふらつくことがある」などの、日常生活の状況を把握しておくことが必要です。

また、脳梗塞などで体に麻痺がある場合、右半身麻痺か左半身麻痺かによって、開けやすい入り口ドアの向きは違ってきます。車椅子の生活であれば、ベッドへの移乗の向きにも関わってきますし、電気のスイッチも操作しやすい低い位置でないと届きません。リウマチで手の指にこわばりがある場合、ドアノブの形状に注意することも必要でしょう。

住み慣れた自宅で介護サービスを受ける場合は、生活の基盤はできていて、入浴介助、食事介助など、自分ではできないことに対してホームヘルパーなどの介助を受けることが基本ですが、有料老人ホームに入居する場合は、その生活環境から考えなければいけません。ホーム全体は、高齢者が生活しやすいように配慮されて作られていますが、自宅のように本人に合うように居室内の改修はできませんから、自宅で介護サービスを導入する時以上に、しっかりとＡＤＬや体の状態を、把握しておく必要があるのです。

その他、高齢者になると高血圧や糖尿病などの慢性疾患が多くなりますから、現在、日常的に必要な医療ケアや、内科・整形外科などかかっている診療科目についても、確認が必要です。そうしないと、提携病院にその診療科目がなく、別の病院への送迎に別途費用が必要になったり、その都度家族が付き添わなければならない可能性もあります。

特に、本人が病院での入院中や老人保健施設に入所している場合など、家族のイメージや思い込みと、本人の状態がかけ離れているケースも多いようです。現在の時点で、どのような状態なのかを把握しておくことは、ホームの選定だけでなく、その後の豊かな生活を送るために非常に重要なことなのです。

チェックポイント

。要介護度の認定は終わっていますか？

◦現在、何か病気（慢性疾患含む）に罹っていますか？
◦移動・食事・排泄・着脱などの基本動作の状態を把握していますか？
◦麻痺や指のこわばり（リウマチなど）といった、体の状態を把握していますか？

2　入居の意思

▼本人や他の家族は、老人ホーム入居をどのように考えていますか？
▼感情的にならないように、話を進めていくことが大切

ニュースを見ても、高齢者の自宅での転倒事故や入浴中の死亡事故などは多くなっていますし、孤独死や高齢者世帯の火災も増えています。また最近では「振り込め詐欺」や「マルチ商法」「リフォーム詐欺」などの事件が横行しており、その被害者の大半は高齢者です。家族が有料老人ホームを探す理由も、「親の一人暮らしが心配」「そろそろ介護がないと生活できない」など、身体的な能力の低下や一人暮らしに対する心配や不安によるものが中心になっています。

有料老人ホームへの入居は、周りの家族や兄弟が、現在のことだけではなく将来のことなども含め、出されたベストな選択なのかもしれません。しかし、最終的に有料老人ホームに入居するのかどうかを決定するのは本人です。

有料老人ホームの入居についてどのように伝えるか、また入居の意思を確認することは非常に重要になります。「自宅での生活は危険」「これ以上、自宅での介護はむずかしい」と家族が考えていても、住み慣れた自宅で生活できなくなることのショックや、新しい生活を始めることの不安などから、現実から目をそむけたり、昔の養老院のイメージから有料老人ホームへの入居を拒否する人も少なくありません。

これは、その考え方や身体状況にも大きく左右されます。最近では、老後の生活を楽しむために有料老人ホームに入りたいと考えている人も多くなっていますし、長期の入院をしていたり、体の麻痺が重いなど、自宅でこれ以上生活することがむずかしいと本人が理解している場合は話を切り出しやすいものです。しかし、非常に危険なケースでも、一人で自由気ままに生活している場合は、周囲の心配をよそに、全く話が進まないこともあります。

そのような場合でも、有料老人ホームの入居を納得するまで探せない、という訳ではありません。有料老人ホームのサービス内容は、大きく変化していますし、誤解されている部分も多いため、実際にどのような生活を送ることができるのか、どの程度のお金がかかるのかなども含めて、事前に調べ、安心で有意義な老後の生活を送るための一つの手段として、本人が納得するように伝えることが大切です。ただし、感情的になりやすい問題でもありますから、他の家族から本人には内緒で老人ホームを探していることを漏れ聞いたり、話をする前にパンフレットを目にすることになれば、態度を硬化させてしまう結果にもつながります。

これには、他の家族や兄弟との連携も不可欠です。私が相談を受けた事例の中には、長男夫婦（特に長男の妻）だけに介護負担がかかり、他の兄弟は、長男が見るのが当然で、お金が掛かる有料老人ホームなんてとんでもない、と将来的な遺産相続にまで話が及び、兄弟同士で絶縁状態になっているようなケースもありました。

家族で介護を行っていても、要介護状態が重くなると、ほとんど終日介護が必要となり、その状態がいつまで続くかわからない中で、介護者の精神的、肉体的な負担は、非常に大きくなります。これは同居でも別居（介護に通う）でも同じです。高齢者の介護が必要な期間（要介護期間）は、３年以上が54％、10年以上も15％にもなります。一つの家族、一人の介護者だけで、介護し続けることは、非常に厳しく、疲労で介護している家族が先に倒れてしまうというケースも少なくありません。家族関係が悪くなったり、憎しみの感情で虐待や介護放棄にまで及び、「亡くなってホッとした」という悲しい話も少なくありません。親の介護問題は、今後、ほとんどすべての人にかかわってくる問題なのですが、同時に感情的になりやすい、非常にデリケートな問題なのです。

最近では、お互いに無理をせずに、よい関係を保つために、有料老人ホームを選びたいという積極的な意見が多くなってきました。しかし、表面上は理解していても、不安や心配は必ずありますし、疎外感を感じる人も多いでしょう。その結果、有料老人ホームに入居しても、すぐに体調を崩して入院となったり、精神的ショックから認知症になったりするケースもあります。

人生最後の有料老人ホームでの生活を有意義に過ごすためには、よい有料老人ホームを探すだけではなく、安心して本人が入居できるように、周りの家族はその意志や思いを汲んで、じっくりと話をすることが大切です。本人が納得していない場合は、すぐに解決することはむずかしいかもしれませんが、体験入居をすすめたり、他の兄弟や家族とも、しっかりとコンセンサスを取って、進めていくとよいでしょう。

チェックポイント

◦本人は、有料老人ホームへの入居をどのように考えていますか？
◦他の家族や兄弟と、有料老人ホームへの入居について話し合っていますか？

3　本人・家族の希望・不安

▼有料老人ホームで、どのような生活を送りたいですか？
▼入居にあたって、どのようなことが心配ですか？

高齢者は、自分の生活スタイルが確立されており、それを簡単に変えることはできません。

また、それぞれにこだわりや好みがあり、どのように暮らしていきたいのかというその希望やニーズは人によって大きく違います。有料老人ホームで、住み心地のよい、豊かな生活を送るためには、「どのような生活をしたいのか」「これからの生活で何を重視するのか」という積極的な個別のニーズを整理しておく必要があります。

⑴ どのような環境で暮らしたいか

自然環境に恵まれた場所、景色がよい場所、知人が入居しているホームなど、どのような環境で暮らしたいかは、それぞれに希望があり、話し合うことが必要です

その中で、特に、単独での外出がむずかしくなる要介護高齢者の場合に注意したいのは、「家族との距離」です。理想のサービスが提供されていても、ホームまで何時間もかかるようでは、緊急時に間に合わないだけではなく、頻繁に訪問することがむずかしく、自然と足が遠のくことになります。サービスが充実し、日常生活に支障はなくても、高齢者にとって、子供や孫の訪問は非常にうれしいものです。介護スタッフは身体的な介護が行えても、家族にしかできない精神的なサポートはたくさんあります。電車やバスなどの交通機関を含め、アクセスしやすいかどうかは、サービス内容と同様に重要なポイントです。

⑵ どのようなサービスに重点を置くか

有料老人ホームを探す場合、基本的には費用やサービスの内容を中心に検討することになりますが、有料老人ホームのセールスポイントは、ホームによって大きく違います。ですから、漠然と内容だけを比較するのではなく、「少し高くても美味しいものが食べたい」「手厚い介護サービスを受けたい」など、どのサービスに重点を置いて選ぶのかを整理しておくことが重要です。

たとえば、寝返りもできないほどの重度の要介護状態なのであれば、介護サービスを中心に選ぶことになるでしょうし、糖尿病や慢性疾患がある場合は、病院との連携や看護スタッフの数などに注目することになるでしょう。

⑶ その他、生活上の希望や不安

有料老人ホームでは、できるだけ個別のニーズや要求に応えられるように配慮していますが、ホームによっては、構造上やサービス提供上できないこともあります。「部屋で小鳥を飼いたい」「趣味のガーデニングを続けたい」「月に一度は家族と外食したい」などの個別の希望やニーズにどの程度まで対応することができるのかは、一つひとつパンフレットに書いてある訳ではありません。ですから、個別の希望は整理しておいて、それぞれに見学時や説明を受ける時に確認することが必要です。

また、「異性スタッフに入浴の介護をされたくない」「頑固親父だけど他の入居者と上手くやっていけるか」など、漠然とした心配や不安は必ずあるはずです。入居者同士の人間関係など、聞いても仕方がないと思われるかもしれませんし、１００パーセントその不安が解消されることはないかもしれませんが、その質問に対する答え方や対応によって、そのホームのスタッフの経験や対応力は、よくわかります。「プロの集団だから大丈夫だろう」とあいまいにするのではなく、特に心配事については、小さなことでもしっかり話し合って、確認することが必要です。

これからの生活において何を重点に置くかは人それぞれ違います。他人から見れば、あまり重要でないように見えても、本人にとっては大切なこともあります。また、これまではやりたくてもできなかった趣味や、要介護状態となってあきらめていた楽しみも、「有料老人ホームに入れば可能になる」ということがあるはずです。

有料老人ホームは、施設ではなく、個々の住居ですから、自分の生活を有料老人ホームの規則に合わせるというのではなく、介護が必要になっても、これまでの生活習慣を壊さずに、最後まで自分らしい生活を送ることができる有料老人ホームを選ぶ、という視点が大切です。個別の希望や不安を整理しておくことは、有料老人ホームを選ぶということだけでなく、豊かな生活を満喫するためにも、重要なのです。

チェックポイント

○どのような環境で暮らしたいですか？（故郷の近く・子供たちとの距離など）
○どのようなサービスに重点を置きますか？（手厚い介護体制・医療体制・食事など）
○どのように暮らしていきたいですか？（趣味・習慣・不安など）

4　支払い可能額を試算

▼有料老人ホームで、必要なお金は、指定の月額費用だけではない
▼年齢や預貯金・家族の支援の可否などで、月額の支払い可能額を検討する

有料老人ホームに支払う費用は、一般的に入居時の一時金と、管理費・介護サービス費などの月額費用が必要になります。

支払う費用＝入居一時金 ＋ 月額費用

これまでの有料老人ホームの多くは、一部の富裕層を対象とした高額商品だったのですが、最近は、中間層を対象としたホームが急増しており、価格帯も多岐に渡っています。「お金に

糸目はつけない」という一部の富裕層は別にして、月額費用や入居一時金をどのくらいまで支出できるのかは、どの程度の価格の有料老人ホームがターゲットとなるのかを知る上で不可欠なものです。ここでは、支払い可能額を計算する場合の基本的な考え方と注意点について説明します。

(1) 支払い原資（元手）の確認

支払いのもとになる原資（元手）は、大きく分けて「預貯金」「年金」「家族からの援助」「その他収入」が基本になります。この中で注意が必要なのは、「家族からの支援」です。数名の子供で足りない分を少しずつ出しあう場合、「足りない時はその時に考えよう」ということでは、後でトラブルになることがあります。それぞれの家族の事情もありますので、どの程度の金額ならば可能なのかを、最初に決めておく必要があります。また、「その他収入」は、アパート経営者の家賃収入などが考えられますが、将来的に減る可能性がないのかを確認する必要があります。

(2) 預貯金を分類する

高齢期のお金の使い方として、預貯金などの金融資産を三つに分けて置くことが必要です。一つは、子供や家族に残す（相続する）お金、二つ目は臨時の出費に備えておくお金、三つ目は自分のために使うお金です。有料老人ホームでの生活の中で、臨時の出費として大きなものは、入院による二重支払いや、制度変更による支払額増加などがあげられます。

⑶ 平均余命を勘案する

年金などの収入だけで、月額費用を賄うことができれば問題ありませんが、預貯金から毎月取り崩す必要がある場合、預金残高がマイナスにならないように、平均余命を考えておく必要があります。平均余命は、厚生労働省から出されていますので、参考にされるとよいでしょうが、当然、若いほど誤差も大きくなりますから、年齢に合わせて余命の計算を上乗せしたり、臨時の出費に備える金額を多めに見積もるなど、計算に余裕を持たせることが必要です。

以上三点をもとに、二つのケースを挙げます【表４－１】。

この月額の支払い可能額の計算で、注意しなければならないことは二点あります。

一つは、この計算で求めた金額は、有料老人ホームのパンフレットに書かれた月額費用ではなく、その他費用、医療費などを含めての支払い可能額だということです。述べたように有料老人ホームの費用や価格は、ふくまれている内容が老人ホームによって大きく違いますし、また、ある程度必要なサービスが含まれているように見えても、実際に生活するために必要なお金はそれだけではありません。

たとえば、寝たきりで全介助が必要になれば、紙オムツなどの介護用品費が必要になります

表4-1　支払い可能額の計算例

モデルケースⅠ

男性 80 歳→平均余命 8.39 年

資金原資	年金収入	月額 22 万円
	預貯金額（家族への相続予定分をのぞく）	1000 万円
	臨時出費準備	300 万円
予想滞在期間（余裕を見て）		120 ヵ月（10 年）

ケース①　入居一時金 500 万円の場合
月額支払い可能額
22 万円＋（1000 万円－ 300 万円－ 500 万円）÷ 120 ヵ月＝ 23.6 万円

ケース②　入居一時金 300 万円の場合
月額支払い可能額
22 万円＋（1000 万円－ 300 万円－ 300 万円）÷ 120 ヵ月＝ 25.3 万円

モデルケースⅡ

女性 75 歳→平均余命 14.93 年

資金原資	年金収入	月額 15 万円
	家族の支援	月額 3 万円
	預貯金額（家族への相続予定分をのぞく）	1500 万円
	臨時出費準備	300 万円
予想滞在期間（余裕を見て）		204 ヵ月（17 年）

ケース①　入居一時金 500 万円の場合
月額支払い可能額
15 万円 +3 万円＋（1500 万円－ 300 万円－ 500 万円）÷ 204 ヵ月＝ 21.4 万円

ケース②　入居一時金 300 万円の場合
月額支払い可能額
15 万円 +3 万円＋（1500 万円－ 300 万円－ 300 万円）÷ 204 ヵ月＝ 22.4 万円

主な年齢の平均余命と平均死亡年齢

	男		女	
年齢（歳）	平均余命（年）	平均死亡年齢（歳）	平均余命（年）	平均死亡年齢（歳）
60	22.17	82.17	27.74	87.74
65	18.21	83.21	23.28	88.28
70	14.51	84.51	18.98	88.98
75	11.23	86.23	14.93	89.93
80	8.39	88.39	11.23	91.23
85	6.07	91.07	8.10	93.10
90	4.36	94.36	5.69	95.69
95	3.21	98.21	4.02	99.02
100	2.41	102.41	2.96	102.96

出所）厚生労働省「平成 16 年（2004 年）簡易生命表」による。

し、趣味や余暇を楽しみたいと思っているのであれば、その費用や交際費などが必要です。また、病院に通院しているのであれば、月々の医療費が必要になりますし、個人の電話代、新聞代も自己負担です。

もう一点は、余裕を持って計算するということです。有料老人ホームは福祉施設ではありませんので、途中でお金がなくなっても減額措置はありません。後どれくらい生きるのかなど、余命を調べることは、気持ちがよいものではありませんが、途中で、費用の支払いが滞るということのないように、また、やりたいことができなくて寂しい思いをしなくてもいいように、どのくらいお金がかかるのか、どのようにして準備するのか、余裕をもって計画を立てることが必要です。

最近では、有料老人ホームの入居者を対象に、リバースモーゲージを取り扱う金融機関もあります。これは、自宅などの固定資産が多いけれども、自己資金が少ない高齢者を対象とした融資方法です。自宅を担保にして月々決まった生活資金を借り入れ、死亡時に自宅を売却して返済するというものです。現在は、まだまだ普及しているとは言えませんが、取り扱う信託銀行も増えています。一度対象になるのかどうか、どのような制度なのか調べて見られるとよいでしょう。

チェックポイント

◦これからの生活に使える預貯金や年金額は、どのくらいありますか?
◦子供や家族からの生活資金の援助について、話し合っていますか?
◦入居一時金と毎月使える金額の計算は出来ていますか?

第５章　有料老人ホームを比較・検討する

有料老人ホームは、サービス内容や価格にも大きな差があるとともに、新規参入の民間企業を中心に急激に伸びてきた事業であり、優良な事業所だけではなく、トラブルが多発しているところや経営が悪化しているホームも多く、玉石混淆状態にあります。ここでは、有料老人ホーム選定においてのチェックポイントや、見学を行う前に確認しておくべきポイントについて解説します。

1　月額費用の内容

▼示された月額費用でどこまでサービスが受けられるか
▼入院時にもかかる費用や費用改定の手続きなども確認

有料老人ホームの入居にかかる費用については、一般的に入居一時金と月額の必要費用を中心に組み立てられ、価格の内訳は、家賃、介護保険1割負担、介護上乗せ費用、食費、管理費などにわけられています。個々の内容については、それぞれに適正なものかを注意することが必要ですが、月額の入居費用全般に関連して確認しておかなければならないことが三点あります。

(1) 月額費用の中身

有料老人ホームのサービス内容は、ホームによって大きく異なります。また、その価格の表示方法や、表示されている月額費用の中に含まれるサービス内容も違います。ですから、まず、どのサービスまでが月額費用に含まれるか、つまり月額の費用でどこまでのサービスが受けられるのか、どのような場合に追加の費用が発生するのかということを確認する必要があります。

介護サービスに関連する費用を例に挙げると、介護保険の1割負担を月額費用の中に、わかるように表示しているホームもありますが、要介護度によって金額は変わるため、一般的には別途として表示しているホームが多いようです。住宅型有料老人ホームの介護サービスは、有料老人ホームに支払う費用ではありませんので、月額費用の中には含まれていません。また、介護付有料老人ホームの場合でも、食事介助や入浴介助、清掃などの基本的な介護サービスは介護費用の中に含まれていますが、規定回数以上の入浴や、個別の買い物や病院の付き添いなどは、追加費用となるホームもあります。

これは重要事項の説明書の中に細かく書かれていますので、入居者のニーズや生活レベルに合わせて、日常生活にどの程度の費用がかかるのか、ホームに確認しておくことが必要です。

(2) 入院時・外出時にホームに払う費用

二つ目は、入院や外出時など、有料老人ホームで生活していない場合に、減額される費用、減額されない費用についての確認です。

入院中や家族宅に外泊している間は、有料老人ホームで生活していませんから、介護保険の1割負担は徴収されることはありませんが、管理費や食費などの取り扱いについては、有料老人ホームごとに違います。ただし、実際にサービスの提供を受けていなくても、居室を引き続き管理・維持していますから、家賃や管理費は徴収されるのが一般的です。

入院中は、ホームと病院の二重の支払が必要になります。これも契約ですから、後で「そんなはずではなかった」「資金計画の中に入っていなかった」ということのないようにしなければなりません。

(3) 費用改定の時期と方法

もう一点は、利用料の改定についてです。特別養護老人ホームなどの福祉施設では、利用料は介護保険法や運営基準によって定められており、報酬改正によって費用が改定されるのですが、有料老人ホームの場合は、家賃、管理費などの介護保険サービス以外の費用が多く、ホームごとに価格が定められており、その改定についてもホームごとの判断に委ねられています。

有料老人ホームについても、その金額設定の根拠を明らかにして、改定にあたっては、その改定の根拠を入居者に説明することが求められています。しかし、実際の契約の中では、料金の改定の可能性に触れてはいても、改定の際に何を基準として改定するのか、改定や見直しの時期などを明示しているホームは少ないようです。その時期や根拠が明らかにされていないと、経営の失敗を値上げに転嫁されてしまうという可能性も出てきます。値上げの根拠や家族への伝達方法など、しっかり確認すべき事項です。

以上三点挙げましたが、この費用については、トラブルの原因の一つとなっています。説明の義務はホーム側にありますが、その内容は、必ず契約書や重要事項説明書に書かれてありますから、入居者側の注意だけで、十分に回避できるトラブルです。「月額費用17万円」と書かれていたのに、実際の請求書を見て驚いたという話をよく聞きます。費用の中身と内容の確認は、有料老人ホーム選びの基本です。

チェックポイント

◦ホームに支払う月額費用に含まれるサービス内容を理解していますか？

○通常の生活を行うために、月額費用以外にどの程度の生活費が必要ですか？
○入院時など不在時に、有料老人ホームへは何の支払が必要ですか？
○月額費用改定の時期や変更手続きなどのルールは、明示されていますか？

2　入居一時金

▼入居一時金は、金額だけではなく、償却期間・償却方法もチェック
▼短期間で退居となった場合、どの程度帰ってくるか確認が必要

入居一時金は、有料老人ホームの契約時に、一括して支払うもので、入居金、入会金など老人ホームによって様々な名称があります。この入居一時金は、有料老人ホーム特有のシステムであり、不透明なものも少なくないため、トラブルが多くなっています。その名称に関わらず、その一時金の意味や性格を理解し、チェックすることが必要です。

この入居一時金をチェックするポイントは、大きく三つに分かれます。

⑴一時金の意味

まず、入居一時金の金額とその意味ですが、「第１章４　有料老人ホームの価格」で述べた

ように、「家賃の前払い」と「終身利用権」という意味を持たせているホームが一般的ですが、中には数年ごとに更新して、そのつど一時金が必要になるホームもあります。また、一般の賃貸住宅と同じように家賃を月額で徴収する「月ぎめ家賃方式」として、入居一時金は保証金と同じような位置づけにして、退居時に全額返金されるホームもあります。その他、家賃の前払いではなく、介護サービスに充当する介護一時金として徴収しているホームもあります。支払う入居一時金が、どういったサービスに充当されるものか、その性格はどういったものかを、まず、確認する必要があります。

(2) 償却期間・償却方法

入居一時金が家賃の前払い金としての性格を有している場合、返還金額をイメージ（計算）しておくことが重要です。一般的な有料老人ホームの入居一時金と、償却期間内の途中で退居された場合の、未償却部分の返還金の計算についての一例を挙げます【表5－1】。

これまでの健康な高齢者を対象とした有料老人ホームでは、償却期間は15年程度のものが多かったようですが、要介護高齢者を対象としたホームでは、入居される高齢者の年齢も高く平均入居期間が短いために、5～10年と償却期間は短くなっています。最近では、入居時の年齢によって償却期間が違うホームも増えてきました。償却期間が短いということは、早く償却され、途中退居の場合の返還金が少なくなりますので、注意が必要です。

表5-1　退去返還金計算の例

期間内で均等償却（月単位）の場合の計算方法
退去返還金＝（入居一時金−保証金）÷償却期間×（償却期間−入居期間）×
　　　　　　退去返還係数

A、Bの有料老人ホームとも

入居一時金	900万円
退去返還係数	0.9
償却方法	期間内均等償却（単位）

とし

入居期間	18ヵ月（1年半）

とする。

A有料老人ホーム

保証金（初期償却金）	180万円	（入居一時金の20%）
償却期間	72ヵ月	（6年）
退去返還金	486万円	

(900万円−180万円）÷72ヵ月×（72ヵ月−18ヵ月）×0.9＝486万円

B有料老人ホーム

保証金（初期償却金）	90万円	（入居一時金の10%）
償却期間	96ヵ月	（8年）
退去返還金	592万円	

(900万円−90万円）÷96ヵ月×（96ヵ月−18ヵ月）×0.9＝592万円

初期償却金は、１ヵ月などの短期の入居でも返還されませんので、この割合が過大なものでないか確認する必要があります。また、計算方法も定率・定額でなく初年度に大きく償却されるような計算方法を取っているホームもあります。ですから、特に入居数カ月で亡くなられてしまった場合や、有料老人ホームでの生活に馴染めず短期間で退居されるような場合は、この返還金をめぐってトラブルが発生しています。

(3) 返還金の保全

入居一時金方式の有料老人ホームでは、この返還金の保全措置がしっかりなされているかも重要なポイントです。返還金は、退居時に返還すべきもので、前払い家賃の預かり金という性格のお金ですから、通常の経営資金とは別に保全しておくべき性格のものですが、建設資金の金利負担を軽減するために、これを建設資金の返済に充てたり、運営資金に回している有料老人ホームも多いようです。しかし、そうなれば、経営が悪化してホームが倒産した場合、入居者に返還されるべきお金が既に使われてしまい、戻ってこないということも考えられます。

この返還金の保全については、行政からの指導により義務化され、２００６年度（平成18年度）以降開設されるホームについては、５００万円までは保全が義務付けられる予定です。

それでも、１０００万円返してもらわなければならないのに、５００万円しか返ってこないとなれば、その後の生活に大きな影響を及ぼしますし、それ以上に、倒産によってサービス提供が滞ることになれば、生活の基盤が失われ、金銭では解決できないようなダメージを受けることになります。この入居一時金の未償却部分の保全は、経営状態を確認する上でも重要なポイントです。

チェックポイント

- 入居一時金は、どのような性格のものですか？（終身利用権・介護一時金など）
- 入居後、短期間（半年・一年で）退居する場合、いくら返還金は戻ってきますか？
- 居室を施設側の都合で変更させられる場合、追加費用は必要ですか？
- 返還金の保全措置は、取られていますか？（金額・方法など）

3　介護体制・介護費用

▼介護サービスの内容は制度的な類型だけでは決まらない
▼それぞれのホームの介護サービス内容をしっかり確認することが重要

有料老人ホームと介護サービスとの関係や類型ごとの特徴については、第２章の中で述べていますが、住宅型有料老人ホーム、介護付有料老人ホームなどの制度的な類型は同じでも、介護の手厚さやスタッフ数は各ホームによって違います。入居者の状態やニーズに合わせたケアプラン（介護サービス計画）が策定されるのか、重度要介護状態になっても希望通りの介護が受けられるのかなど、介護サービスの量や質、内容について確認する必要があります。

また、介護にかかわる費用もチェックしなければなりません。介護サービスにかかわる費用の基本部分については、介護保険制度でカバーされますが、基本部分以上の手厚い介護サービスを受けるには、多くのスタッフが必要となり、その費用が加算されることになります。その他、夜間や緊急時の対応システムも重要です。たとえば緊急に病院に搬送しなければならない時に、病院まで付き添ってもらえるのか、夜間のスタッフ体制はどのようになっているのかなども確認しておく必要があります。定員によっては、夜間のスタッフ体制が1名のところもありますが、何か問題が発生した場合、それでは不安です。特に、健康型や住宅型の場合、一般的には老人ホームの介護スタッフが常駐していませんから、どのような体制がとられているのか、緊急時の提携サービスとの連携などについてもチェックが必要です。

有料老人ホームの類型ごとの、介護体制のポイントは以下の通りです。

(1) 健康型有料老人ホーム

健康型有料老人ホームは、そのホーム内で介護を受けることができず、介護が必要になれば退居が求められるものですが、介護が全く受けられないと言うことになれば、有料老人ホームでは安心して生活できません。ですから、多くの健康型有料老人ホームでは、介護付有料老人ホームを併設していたり、提携しているところが多いようです。ただし「提携ホームがあるので安心です」と言うだけでなく、将来的に介護付有料老人ホームに移転するにあたって、どの程度の費用が必要となるのか、その介護付有料老人ホームは優良なサービスを提供しているのかなど、その提携内容やサービス内容にも言及することが必要です。

最近は要介護高齢者を対象とした有料老人ホームに注目が集まっていますが、元気なうちから悠々自適な生活を送るために老人ホームに入りたいというニーズも根強いものがあります。介護が必要になった場合は、提携の介護付有料老人ホームに追加の入居一時金なしで入れるように連携しているホームも多いようです。

(2) 住宅型有料老人ホーム

住宅型有料老人ホームは、有料老人ホームとして介護サービスの提供を行うものではなく、外部の介護サービス事業所が介護サービスを提供するものです。しかし実際は、その有料老人ホームの系列の訪問介護サービスを中心にサービス提供を行っているところが多いようです。

このような提携は、それ自体が問題ではありませんが、自分が実際に利用したい訪問看護・通所介護などの多種のサービスメニューが準備されているのか、また、そのサービス事業所は優良なサービスを提供しているのかを確認することが必要です。また、重度要介護状態になった場合の、失禁・転倒などの臨時のケア対応や、ベッドからの移乗介助などの細かな介護をどうするのか、夜間などの緊急時のサポート体制も確認する必要があります。

(3) 介護付有料老人ホーム

「第2章4　介護付有料老人ホームとは」で述べたように、介護付有料老人ホームでは、要介護状態の入居者に合わせて【3：1】、【2：1】などでスタッフ配置が決められていますから、まず、この全体のスタッフ数、夜間のスタッフ数、昼間のスタッフ数を確認することが必要です。また、介護は専門的な知識や技能が必要な仕事ですから、介護福祉士の数、ホームヘルパー資格者の数など、資格スタッフ数を確認することも必要です。

介護付有料老人ホームでは、どのように介護を受けるかという介護手法も重要です。これまで多くの特別養護老人ホームでは、集団の介護スタッフで集団の入所者に介護を提供するという集団介護の手法が主流でした。時間を決めての一斉トイレ介助、流れ作業の入浴介助など、起床から就寝まで、食事、入浴、レクリエーションと、ホームの決めた日課に沿って、集団的に行動して介護を受けるというケア手法がとられてきたのです。しかし、このような手法では、個々の生活スタイルは無視され、集団生活を余儀なくされるため、個別のニーズはほとんど埋没してしまいます。

その反省から、特別養護老人ホームでも、個々の入居者に合わせた、小さなユニット単位でのケアや、個別ケアに取り組むホームが増えており、それに従って有料老人ホームでも、ユニットケア・個別ケアを行っているところが増えてきています。食事も同じ時間に集まって食べるのではなく、個々の生活スタイルに合わせて食事介助が行われるホームも増えてきました。その他、入浴やトイレの介助など、個々のケアが個人の生活リズムに合わせて行われるかは、要介護の入居者にとって重要なポイントです。

⑷ 外部サービス利用型有料老人ホーム

この外部サービス利用型有料老人ホームの介護サービスは、「第２章６」で述べたように、そのホームが契約している介護サービス事業所のスタッフが提供することになります。基本的に、契約事業所以外のサービスを利用することは、むずかしくなりますので、利用したいサービスが契約されているか、そのサービス事業所は優良なのか、また、実際に利用可能なのかをしっかり見極めることが重要です。

同じ法人内で訪問介護サービスを提供している場合は、その事業所と契約（提携）することになるでしょう。この提携自体は問題ではなく、サービス調整しやすいなどのメリットはあるのですが、ケアマネージャーが同じ法人内の訪問介護サービスの利用を押し付けてくるという可能性もあります。各サービス事業所との契約が表面的なものではなく、距離やサービス実施状況から、実際に利用することが可能だということも、確認する必要があります。

その他、上乗せ介護費用が必要な場合、その計算根拠や、上乗せ介護費の利用対象となるサービス内容も確認しておきましょう。

チェックポイント

【健康型有料老人ホーム】

○介護が必要になった場合、提携ホームなどのサポート体制は確立していますか？
○提携ホーム、提携サービスは優良なサービスを提供していますか？

【住宅型有料老人ホーム】

○利用したい種類の外部サービスが実際にそのホームで利用されていますか？
○夜間など、臨時・緊急時の対応はどのようになっていますか？
○ケアプランの作成や介護サービス業者へのクレームをサポートしてくれますか？

【介護付有料老人ホーム】

○入居者と介護スタッフの割合はどの程度のものですか？（【3：1】など）
○介護スタッフで介護資格取得者（介護福祉士など）の数は明示されていますか？
○個人の生活スタイルに合わせた個別ケアが行われていますか？
○ケアプランに、本人や家族の意思を、しっかりと反映させていますか？

【外部サービス利用型有料老人ホーム】

。利用したいサービスは契約されており、実際に利用可能ですか？
。上乗せ介護の利用対象となるサービスは、規定されていますか？

4　医療ケア・病院連携

▼形だけ・名前だけの提携病院では、ほとんど意味がない
▼提携病院の質や、実際に連携のメリットがあるのかを確認

高齢者は高血圧や糖尿病などの慢性的な疾患を抱えている人が多く、加えて身体的な機能が低下し抵抗力も落ちています。転倒するとすぐに骨折し、風邪やインフルエンザなどの感染症にかかりやすく、症状が重度化しやすいことも、その特徴です。高齢者にとって、医療は日常的に必要なサービスの一つだと言えます。

ですから、有料老人ホーム選びにおいて、医療・看護サービスの充実や、医療機関との連携は、非常に重要な要素です。特に要介護高齢者を対象とした有料老人ホームの選定にあたっては、「協力病院との提携」というだけでなく、協力病院の質や、その病院と実際にどのような連携がなされているのかをチェックする必要があります。

まず、協力病院の診療科目ですが、内科や外科などの基本的な診療科目の他に、泌尿器科、

整形外科なども高齢者の疾病とは関係が深いですし、眼科や歯科なども重要です。特に、現在何かの慢性疾患にかかっている場合は、通院時の介助とも大きく関係しますから、協力医療機関に現在通っている診療科目があるのかを確認することが必要です。

また、日々の通院が必要な場合、スタッフに付き添ってもらえるのか、送迎はしてもらえるのか、その費用は別途必要なのか、などについても確認が必要です。

ほとんどの有料老人ホームでは、病院との提携を大きくアピールしていますが、有料老人ホーム入居者に対する調査では、医療機関との連携に対する不満が大きいという結果がでています。それは、実際の提携や連携のメリットが目に見えず、入居者からすれば医療機関が限定されているだけで、有料老人ホームから離れた場所にあるなど、非常に使いづらいというホームも多いからです

これは、通院だけでなく、入院した場合も同様です。一般的に、入居者が入院している間も有料老人ホームの住居費用や管理費などは必要になりますが、特に末期のガンなど、入院時から有料老人ホームに戻る可能性がないケースもあり、連携が取れていない場合は意味なく入院費と有料老人ホーム費用をどちらも支払うことになります。また、最近は病院から早期に退院を迫られるケースが増えていますから、連携が取れていない場合、病院からは退院を迫られ、老人ホームではその病状に対応できないために再入居を拒否されるということにもなりかねません。逆に、連携がしっかり取れていれば、退院の可能性を考えながら、身体状況の変化に対

応して事前に要介護度の変更やケアプラン（介護計画）を検討し、受け入れ態勢を整えることが可能です。協力病院と提携しているから安心だとは言えず、どのような連携を取っているかという、その内容が大切です。

また、有料老人ホーム内部で、どの程度の医療・看護サービスが提供されているのかも重要です。体温や心拍数・血圧を測ったり（これをバイタルチェックと言います）、薬を管理したりするのは、看護師でないとできませんから、介護付有料老人ホームでは、介護スタッフだけでなく、そのホームで働く看護師の数を知ることも重要です。

これまで有料老人ホームは、介護サービスが中心で、医療ケアについては二次的なサービスだと考えられていたのですが、最近では、24時間看護師が常駐したり、敷地内に診療所を併設したホームも増えており、その人気は高まっています。２００６年度（平成18年度）には、医療法人にも、老人ホーム事業への参入が認められる方向で議論されていますから、今後は、気管切開や胃ろうなどの医療ニーズの高い高齢者にも対応できるホームや、終末期の看取りを行うホームも増えてくるでしょう。

医療サービスは高齢者にとって日常的に必要なサービスですから、きめ細かな対応がなされるかどうかによって、有料老人ホームでの生活は大きく変わってきます。この医療サービスや医療との連携は有料老人ホーム選びの中で非常に重要な要素なのです。

チェックポイント

。協力病院の診療科目は高齢者が罹りやすい疾病に対応していますか？
。協力病院は、入居者が現在かかっている病気に対応できますか？
。通院や入院時・入院中のサポートはどのように行われていますか？
。定期健康診断・感染症の予防対策は行われていますか？
。看護スタッフの配置など、ホーム内の医療・看護システムは充実していますか？

5　退居させられる場合とは

▼「終身介護」でも、退居や住み替えを迫られることもある
▼どのような場合にホームから退居を求められるのか、確認が必要

有料老人ホームへの入居者や家族は、そのホームを「終《つい》の住処《すみか》」として考えており、特に要介護高齢者を対象とした有料老人ホームでは、その傾向が強いようです。ですから、多くの有料老人ホームではその入居説明にあたっては、「終身介護」「生涯介護」をうたっています。

この「終身介護」ですが、言葉通りとらえれば、一度入居すれば、入居者が死亡するまで、その有料老人ホームで生活ができると考えがちですが、実際はそうならないケースもたくさん

あります。どのような場合に、有料老人ホームからの退居を求められるのか、また、退居についてどのような手続きがとられるのか、事前に確認しておくことが必要です。

有料老人ホーム側からの契約解除、つまり強制的に退居させられるケースとして、一般的には次のようなものが挙げられています。

①入居申込書に虚偽の事項を記載するなどの不正手段により入居したとき
②月額の利用料、その他の支払を正当な理由なく、しばしば滞納するとき
③有料老人ホームで規定している禁止行為に該当するとき
④入居者の行動が他の入居者の生命・生活に危害を及ぼす恐れがあり、かつ入居者に対する通常の介護方法では、これを防止することができないとき

①や②については、入居者・家族サイドの問題ですが、④については、基本的には認知症の問題行動が発生した場合を想定しています。他の入居者への暴力行為に及んだり、他の居室に度々間違えて入り込んで物色するケースです。③の禁止行為の内容については、管理規定にその詳細が示されていますが、「その他の類似行為」などで抽象的に定められているものも多く、入居者同士のトラブルなどの場合、その運用方法によっては、「ケンカ両成敗」とされたり、一方的に不利な状態に置かれてしまうこともあります。

このようなケースを避けるためには、死亡以外で、実際の有料老人ホームサイドから退居を求めた人数やその事例、また、新しいホームではどのようなケースを想定しているのかを確認しておくことです。残念ながら実際に有料老人ホームの生活に適応できずに退居する人はいますし、認知症による問題行動でやむをえず退居を求めなければならないケースもあります。しかし、その人数があまり多いようであれば、退居に発展するようなトラブルへの対応力がないと言わざるをえません。また逆に「終身介護ですから何があっても安心です」としか言わない有料老人ホームも、その重大性が理解されていないと言えるでしょう。

もう一点、退居について考えなければならないのは、長期入院への対応です。有料老人ホームによっては、1カ月や3カ月などの期間を定め、それ以上の入院については、契約で退居しなければならないホームもあります。しかし、一律に退居規定が定められているために、退院しても行く場所がないということでは、家族も入居者も困りますし、また入院するたびにホームに戻れないのではないかと不安になります。入院期間は病院の医師の判断に大きく左右されますが、入院期間で一方的に判断するのではなく、病院と連携し、個別に対応してもらえるかが重要です。

「これ以上有料老人ホームで生活するのはむずかしい」という判断は誰がするのか、その場合、家族は意見が言えるのかなど、その手続きについても確認することが必要です。

「終の住処」として考えて入った有料老人ホームを途中で退居させられたり、退居せざるを得なくなると言うことは、入居者本人にとっても、家族にとっても大きな負担になります。そうならないためにも、退居の要件は、実際の事例を交えながら確認することが必要です。

チェックポイント

◦ホームからの退居勧告の要件はどのようなものがありますか?
◦ホームから退居勧告した事例や想定している事例は確認しましたか?
◦退居に関する予告期間や家族が弁明したり話し合う機会はありますか?
◦入居者から退居を求める場合の、予告期間は確認されましたか?
◦一定期間以上の入院に対して、一律に退居を求める規定はありませんか?

6　ホームの倒産を避けるために——経営体質・経営状態

▼有料老人ホーム入居の最大のリスクは事業者の倒産
▼情報の開示は、経営体質・経営状態を知る大きなバロメーター

有料老人ホーム入居の最大のリスクは、有料老人ホームの倒産です。特別養護老人ホームなどの福祉施設の運営は、社会福祉法人や行政などの公益法人や公的機関に限られていますので、

よほどのことがない限り、倒産や事業の継続が困難になるということはありません。しかし、有料老人ホームの経営は、その多くが民間企業ですから、入居者が集まらなければ、資金繰りが悪化し倒産する可能性はありますし、サービス内容が不十分でトラブルが頻発し、事業の安定運営ができなくなる有料老人ホームもでてきています。

高齢社会への貢献や、これからの不可欠な事業としてサービス向上に真剣に取り組んでいる経営者が多いのですが、介護に困っている家族の足元を見て、「何とか金儲けをしよう」「サービスはどうでもいい」というような悪徳な事業者が存在することも、残念ながら事実です。また、新規参入の企業が多いため、事業運営ノウハウやリスク管理に乏しいホームも見られ、現状は、まだ玉石混淆といった状態です。

特に、要介護高齢者を対象とした有料老人ホームでは、日常生活の中で、入居者が弱い立場に立たされることも多く、倒産したり、不透明なサービス運営が行われると、入居者の生活や家族に多大な負担がかかることになります。そのようなことにならないように、経営状態や経営体質をチェックすることが不可欠です。

最近では大企業も有料老人ホームに参入を始めており、これも運営の安定度を測る一つの指標ですが、小さな個人の有料老人ホームでも、安定した経営を行っているところもたくさんあります。昨今は、大企業が一つのトラブルで大きく傾くような事件も報道されていますから、逆に規模やイメージだけで選ぶことは危険かもしれません。

その基礎資料となるのは、財務諸表です。財務諸表とは、決算書などその会社の経営状態を示す書類です。初めて見る人にはむずかしいかもしれませんので、会社経営や会計に詳しい人に確認してもらうことが必要です。見学の際に決算書などの経営指標が開示されているか、確認しましょう。

また運営中の有料老人ホームであれば、どの程度入居者が生活しているのか（入居率）も重要なポイントです。全室でなくてもほとんどの居室が埋まっているのであれば、有料老人ホームにも活気がありますし、経営は安定していると考えてよいと思いますが、逆に、開所後数年経っても、多くの空き居室が見られるようだと、経営状態は厳しいと考えられます。有料老人ホームの規模によっても違いますが、平均は80％程度が収益分岐点だと言われています。これは、見るだけでなく、聞いて確認しておくべき事項です。

この情報開示は、経営状態だけでなく経営体質を確認する上でも非常に重要です。これまでその有料老人ホームで発生したトラブルや対応できない要望など、都合のよくないことも、事例や数値をあげて説明しているところは信頼ができます。逆に、説明の多くを美辞麗句に頼り、「申し込み多数」「今なら入居できます」とせかした挙句、入居してみれば半分以上の部屋が空いているということになれば、その他のサービス内容も「押して知るべし」という結果になります。

また、家族との懇談会や入居者のサービスの不満点などを話し合う場が、しっかり設定されているか、遠方で暮らす家族向けに老人ホームの生活についての「老人ホーム便り」が作られているのかも重要なポイントです。入居希望者だけでなく、現在の入居者にもしっかりと情報が提供されているということは、サービス内容や経営内容に自信を持っているということです。

その他、私が経営体質をチェックする上で重視しているのは、消防計画や防災訓練・非難訓練などの実施状況です。長崎県のグループホームで火災が発生し、多くの方が亡くなられましたが、有料老人ホームも同様で、火災が発生すると、自力で逃げ出せる人は少なく、大惨事に発展します。中には消防設備も未整備で、避難訓練を一度も行っていないようなホームもあるようですが、それでは入居者の生命に対する危機管理が著しく欠けていると言わざるをえません。逆に、避難訓練や夜間想定訓練などを繰り返し、消防署から表彰を受けているようなホームは、その他の危機管理やサービスの向上にも力を入れているはずです。

経営体質や経営状態は、有料老人ホームのサービス内容という面だけでなく、その有料老人ホームは、これからの生活を託すだけの信頼に値するのかという根幹に関わってきます。与えられた資料だけでなく、積極的に確認をおこなうとともに、あらゆる機会をとらえて、しっかりチェックする必要があるのです。

チェックポイント……………………………………

◦決算書や財務諸表は開示されていますか？

○管理職・経営者の中に介護や福祉施設などの経験者や専門家がいますか？
○現在の入居率はどの程度ですか？（運営中の老人ホームの場合）
○家族や入居者の意見を聞く家族懇談会は定期的に開かれていますか？
○苦情がある場合の、対応窓口は設置されていますか？
○防災訓練・火災訓練などは定期的に行われていますか？

7　食事・入浴・レクリエーション

▼食事は、内容・豪華さだけでなく、個別対応が可能かどうか
▼入浴・レクリエーションも、本人の希望がかなうのか

生活を豊かに過ごすために、高齢者の大きな楽しみの一つである食事や様々なレクリエーションに力を入れている有料老人ホームが多くなっています。

まず、食事ですが、元気でも介護が必要になっても、高齢者にとって、食事は楽しみなものです。元気な高齢者を対象とした有料老人ホームでは、テナントとして入っているレストランとの別途個別契約というところもありますが、要介護高齢者を対象とした有料老人ホームでは、朝・昼・夕と三食すべてに食事がついているところが多いようです。

多くの有料老人ホームでは、豪華な料理や美味しそうな料理の写真がパンフレットに載っていますし、「魚料理 or 肉料理」「パン or ライス」「洋風 or 和風」など選択できるところもあります。しかし、事前に確認しなければならないことは、食事内容ではなく、どの程度まで個別のニーズに対応してもらえるかということです。

要介護度が重くなると、身体的な能力が低下し、飲み込む力や噛む力が弱まってきますから、ご飯の堅さも、全粥、五分粥、三分粥にしたり、おかずも刻んだりペースト状にしたりと食べやすいように加工しなければなりません。また、アレルギーや糖尿病、腎臓病などの疾病によって、カロリー制限や食事内容の変更が必要なこともあります。食事は、その好き嫌いなどの好みだけでなく、慢性疾患や身体状況の変化にどの程度まで対応できるかということが重要になります。また、それに伴う費用がかかるのか、規定の食事費用のうちで対応できるのかを確認しなければなりません。

その他、食事の時間は生活のリズムに合っているのか、自分の居室で食べることができるか、家族が来た時には一緒に食べられるスペースはあるか、家族用に食事は作ってもらえるのかなどもチェックしておくとよいでしょう。

次に入浴ですが、単に体をきれいにするというだけでなく、疲れやストレスを和らげるためにも、大切です。元気な高齢者が多い有料老人ホームの場合は、温泉成分や、旅館のような大浴場が好まれているようですが、最近の要介護高齢者を対象としたホームでは、自宅で入浴するのと同じような個別の入浴が多いようです。この入浴については、毎日入浴が可能なのか、何時頃に入浴するのか、個別入浴なのかなどをチェックする必要があります。要介護高齢者の場合、入浴するためには介護スタッフの介助が必要ですから、介護付有料老人ホームでも、一週間当りの基本入浴回数が決められていて、それ以上入浴したいという場合には、追加費用がかかる場合が多いようです。また、身体状況の低下した重度の要介護高齢者にとって入浴は、体に負担となりますから、事前に体温や血圧などの測定が行われるか、重度の要介護高齢者が安心して入浴できるような専用設備が整えられているかなどについてもチェックが必要です。

レクリエーションは、将棋やカラオケなどの同じ趣味をもつ入居者同士が集まっておこなうクラブ活動的なものや、演奏会や花火大会などのイベント的なものに大きく分かれます。

レクリエーションについては、入居者の性格や嗜好とも大きく関係しますから、何がよいというものではありませんが、単純になりがちな有料老人ホームでの生活に刺激や張りを与えるという重要な役割を持っています。追加の費用がかかるものもありますが、レクリエーションが盛んな有料老人ホームは活気があります。入居者の好みや、実際の生活をイメージしながら検討すればよいでしょう。

チェックポイント……………………………

○食事は、好き嫌いや好みに対応してもらえますか？

○食事は、糖尿病などの疾患や身体機能の低下に対応してもらえますか？
○重度要介護になっても安心して入浴できる設備は整えられていますか？
○レクリエーションの内容は、入居者の趣味・嗜好に合ったものですか？

8　建物・設備を見る視点

▼ケアとハードには大きな相関関係がある
▼どのような生活を送るのか、建物・設備を確認

有料老人ホームを見学すると、どうしてもその仕様や豪華さに目を奪われがちですが、特に要介護高齢者の場合は、どのような建物・設備が、その入居者の生活に適しているのかということが重要になります。

(1) 立地環境

まず立地環境です。これまで老人ホームと言うと、緑や自然が多い場所が選ばれており、結果的に交通のアクセスの悪いことが多かったのですが、家族が訪れにくいことや、入居者が閉じこもってしまう傾向にあるため、最近では、町中や交通の便利な場所にあるホームの人気が

高いようです。だからといって、幹線道路や高速道路が近くにあり、騒音や排気ガスが多いような場所では、高齢者の生活に適しているとは言えません。まず、その立地環境は、高齢者の生活の場としてふさわしいのか、有意義な生活を送ることができるのかを確認することが必要です。

⑵ 居室・リビングなどの配置

有料老人ホームの居室などの配置と、高齢者の生活・介護提供には大きな関係があります。有料老人ホームの配置は大きく三つに分けることができます【図５－１】。

Ａタイプは、ユニット型とも呼ばれるもので、10名程度の入居者が一つのユニットを形成しているタイプです。生活食堂やリビングと各居室との位置が近く、居室から出やすく介護動線や生活動線が絡まないことから、新型特養ホームや最近の要介護高齢者を対象とした有料老人ホームでは多く取り入れられている形です。Ｂタイプは、リビングや食堂は同じフロアーにあるものの、一部の居室からは離れているものです。要介護度が高くなるとリビングや食堂への行き帰りがむずかしくなります。最後のＣタイプは、食堂やリビングが別フロアーで、エレベーターでの移動が必要なものです。重度要介護高齢者の入居者が多くなり、車椅子での移動が増えると、介護動線や生活動線が混雑し、アクセスが悪くなるという欠点があります。

ただし、これはあくまで、要介護高齢者の「介護」という側面から見たものであり、入居者の状態や好み・プライバシーへの配慮など、考えなければならないポイントはたくさんあります。たとえば、Ａタイプの場合は、居室のドアを開けるとすぐにリビングですから、リビングから部屋の中が見えてしまう可能性はありますし、リビングでの音が気になるかもしれません。ですから、逆に元気な高齢者を対象としたものであれば、居室と食堂が完全に独立しているようなＣタイプのものが多いようです。

この居室配置やケアステーションの配置には、設計上工夫しているホームも多いので、入居者の希望や身体レベルに合った居室環境はどのようなものかを考えながら、その設計のポイントやセールスポイントについても、質問されるとよいでしょう。

⑶ 設備環境

有料老人ホームの設備は、高齢者の生活に対応できるように、バリアフリーはもちろん、廊下幅、エレベーターなどにも一定の基準がありますし、またリビングのテーブルやイスなどの備品にも配慮されているところが多いようです。ただし、これも入居者の身体状況に大きく関係しますから、移動の際に重要となるエレベーターや居室へのドアの使いやすさ、その他トイレや入浴設備なども、入居者の状態（自立歩行・車椅子など）に合わせて、確認する必要があります。また、有料老人ホームで最も恐ろしいのが、火災や地震です。非常通報装置やスプリンクラーなどの防災設備が充実しているのかも、重要なポイントです。

図5-1　有料老人ホームの居室配置例

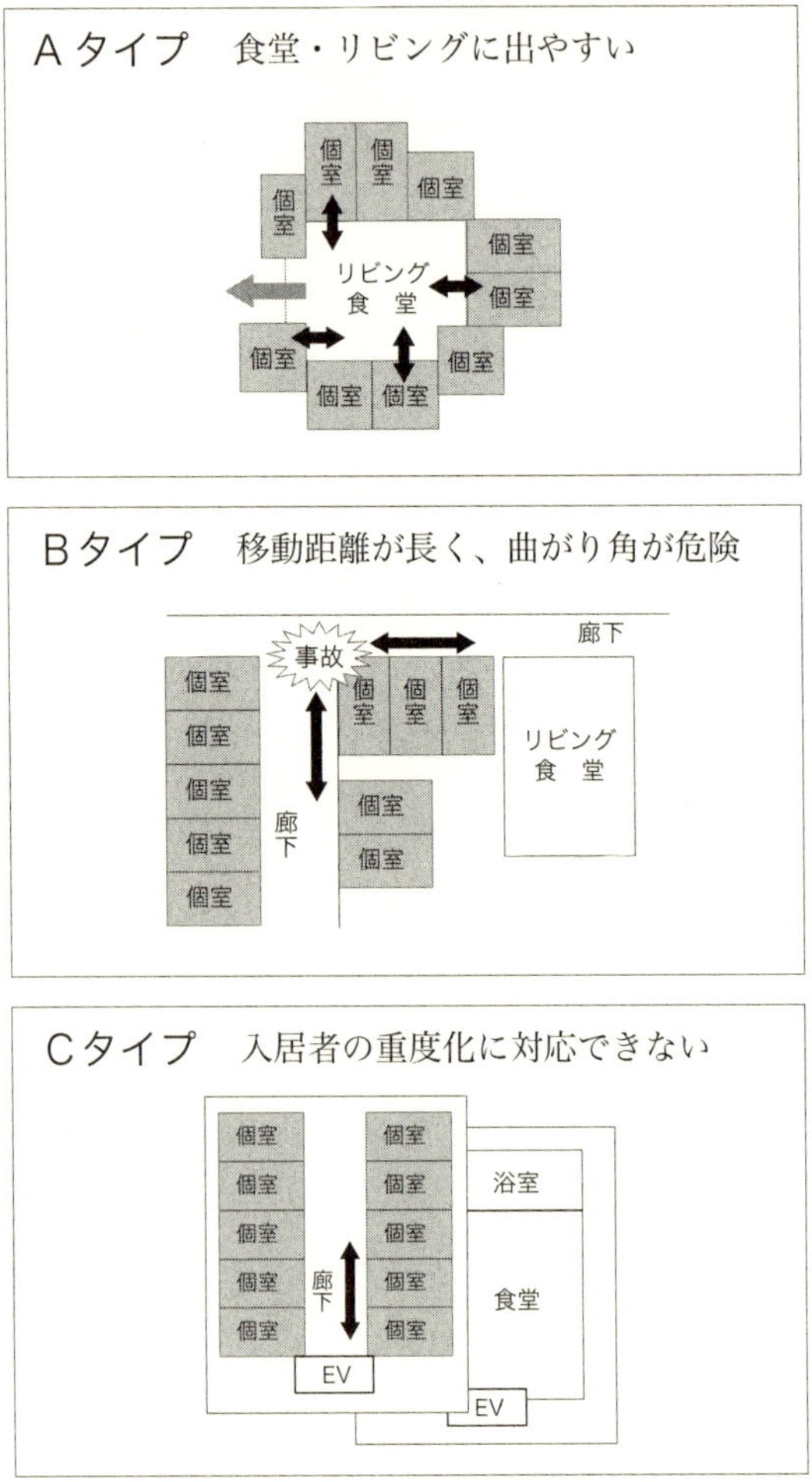

(4) 居室内環境

居室は、これまでの健康な高齢者を対象とした有料老人ホームは、マンションと同じようにトイレや洗面台、浴室、キッチンなど、日常生活に必要なものが居室内に完備され、部屋も１ＤＫ、１ＬＤＫと比較的広いものが多かったのですが、最近の要介護高齢者対応のものは、居室内はトイレと洗面台のみのワンルームタイプが多くなっています。

居室内の環境も要介護高齢者の生活に配慮してありますが、要介護高齢者といっても麻痺の部位やＡＤＬ（日常生活動作）のレベルは違いますから、どのような設備が居室内に必要なのかを考えながらチェックする必要があります。基本的にはベッドでの生活になりますが、車椅子での生活に十分な広さは確保されているか、入居者が家具などを持ち込みたいと考えている場合は、その可否やスペースの有無なども確認する必要があります。

福祉先進国の北欧には、「福祉は住宅に始まり、住宅に終わる」と言う言葉があります。この言葉は、様々な深い意味をもつ言葉ですが、これは介護が必要な高齢者にも当てはまります。身体機能の低下した高齢者にとっては、住宅内の生活動線（通り道）や設備は非常に重要ですし、効率的な介護サービス提供にとっても、大きな意味を持っています。有料老人ホームの建物は、基本的に高齢者が生活しやすいように作られていますから、何がよくて、どこが悪いというものではありません。ただし、高齢者と一口で言っても、元気な高齢者と要介護高齢者とでは、建物や設備に対する考え方が全く違います。「入居者本人にとって使いやすいか否か」という視点で、実際の生活がイメージできるように、しっかり入居者の身体状況を把握しておく必要があるのです。

チェックポイント……………………………………

。家族が訪問するために、交通の利便性に問題はないですか？
。リビングなどの共用部分は生活しやすい設備や備品が整備されていますか？
。居室には、生活しやすい設備や備品が整備されていますか？
。採光や空調など、生活しやすい環境が確保されていますか？

第6章 有料老人ホームを見学しよう

有料老人ホームを実際に見学する目的は大きく二つあります。一つは、サービス内容や価格など商品の内容について詳細に確認すること、もう一つは、その老人ホームの雰囲気やスタッフ教育のレベルなどサービスの質を感じることです。

入居者がこれからの豊かな生活を送ることができるのか、また、家族は安心して任せることができるのか、しっかり準備して見学に望むことが重要です。ここでは、見学の心得、ポイント、また見学時にもらっておくべき資料などについて解説します。

1 見学の流れ

▼見学を行うための流れとポイントを理解する

実際にどのような見学を行っているのかは、有料老人ホームによって違いますので、順序は多少前後すると思いますが、ここでは、見学においての全体的な流れと、そのポイントについて解説します。

⑴ 事前チェック

事前チェックは有意義な見学のためには不可欠です。事前にパンフレットなどの資料に目を通し、確認するポイント・質問事項を整理し、聞きもれがないようにチェックリストを作成して、必ず持っていきましょう（情報提供サイト『お探し介護』に「見学チェックポイントリスト」があり、これを印刷しておくと便利）。

⑵ 見学の予約

他の入居者が生活している場合には、食事・入浴などの入居者の生活リズムにも配慮する必要があり、見学に適さない時間があります。また、見学は5分や10分で終わるものではありませんから、飛び込みでの見学希望は、ホーム側にとっても非常に迷惑です。新設でも運営が始まっている有料老人ホームでも、見学を行う際には必ず事前に連絡して見学予約をすることが必要です。また、見学時に欲しい書類（契約書・重要事項説明書など）を伝えることや、入居者本人が一緒に行く場合、見学に車椅子などが必要になることもありますので、事前にその準備も依頼しましょう。

(3) 事前の電話確認

実際に見学する日の前日に、電話確認をしましょう。それは予約の確認という意味だけではなく、有料老人ホームスタッフの教育レベルを計る上でもよいチャンスです。経営者の理念が立派で、担当者の説明がしっかりしていても、電話対応が不十分なものであれば、その理念がしっかり行き届いているとは言えません。ここからチェックは始まっているのです。

(4) 立地環境の確認

時間通りではなく、少し早めに到着し、有料老人ホームの周囲の環境を確認しましょう。高齢者が生活するにふさわしい立地環境か、チェックしながら少し周辺を歩いてみるのもよいでしょう。またアクセス（交通の便）も重要です。見学者に対しては、近くの駅から送迎してくれるホームもありますが、見学者専用であれば実際の入居後は利用できません。入居後に、電車や自家用車でくる場合の交通の利便性をしっかり確認する必要があります。

(5) 老人ホーム内見学

有料老人ホームの見学は、担当者の説明に沿って行われます。ここでは特に建物や設備の説明が中心に行われます。許可を受けて建物の写真をとったり、建物や設備、居室の広さについて、質問しましょう。その他、説明内容以外に、介護スタッフの態度や身だしなみ、掃除は行き届いているかなど、実際に目で見てチェックすることはたくさんありますので、目的意識をもって見学することが必要です。

⑹ 老人ホームからの説明

次に有料老人ホームのサービスについて、パンフレットや契約書などの資料にもとづいて説明が行われます。セールスポイントやサービス内容、価格など基本的なことが説明されますので、理解できないことや、疑問に思うことは、その場でしっかり確認しましょう。

⑺ 家族からの質問

最後に事前にチェックしておいた事項の質問です。聞きもれがないように、チェックリストを活用しましょう。これはサービス内容や価格など契約条項の質問だけではなく、入居予定の家族の状況を説明したり、老人ホームでどの程度まで対応してもらえるかという相談でもありますから、気になることや、個別の心配事など、何でも聞くようにしましょう。

⑻ 事後チェック

最後は、見学後の内容確認です。どのポイントが良かったか、聞きもれはないかなどをチェックしましょう。見学は2〜3名で行うのが理想です。それぞれの印象や気が付いたポイントが確認できるからです。事後のチェックをしないと、いくつものホームを見学した場合、どのホームが良かったのかわからなくなりますし、全体のイメージだけで、聞いたことを忘れてしまいます。見学者の情報を共有するためにも事後のチェックは不可欠です。

2　見学のチェックポイント

▼実際に見学しないとわからない、雰囲気・スタッフの態度
▼あらゆる機会を逃さずに、信用に足るホームか否かを見極める

見学の目的の一つには、有料老人ホームの雰囲気やスタッフの教育レベル、サービスのレベルを肌で感じるということがあります。有料老人ホームや介護サービス事業は、人が人にケアを行うという、純粋な対人サービス事業ですから、スタッフ数が多く介護サービスの量が充実していても、そのスタッフの質が伴っていなければ、優良なサービスは提供されません。これだけは、資料やパンフレットを比較・検討してもわかりません。見学においてチェックするポイントは、大きく五つに分けられます。

(1) 説明内容・態度

有料老人ホームのパンフレットには、「安心・快適」などの美辞麗句が踊っていますが、有料老人ホームでのあいまいな表示や説明が、後日トラブルを発生させる大きな原因になっています。イメージではなく、どこまで安心なのか、どのように安心を提供するかというその中身が重要なのです。

たとえば「24時間３６５日、安心の介護です」と言うのではなく、「入居者2名に対して1名の介護スタッフが介護にあたります。介護スタッフのうち8割がホームヘルパーなどの介護資格を持っており、その半数は介護福祉士です。夜間の配置は……」などと、実際の説明は、実際の数字や実例を挙げて説明されなければいけません。また、答えたくない質問やトラブルに対して、あいまいな返答をしたり誤魔化したりするようでは、サービス内容が理解できていないか、サービス内容に自信がないか、どちらかだと言えます。

有料老人ホームの説明担当者は、サービスの内容を説明するだけではなく、入居後に、家族とホームを繋ぐ橋渡し役になる生活相談員であることが多いようです。説明内容を聞くだけでなく、説明の方法、説明態度をチェックし、信用できる人なのかを見極めることが大切です。

(2) 担当者以外の態度・身だしなみ

説明担当者以外のスタッフの態度や言葉づかいが乱れていないか、チェックすることも重要です。見学者に対して、すべての介護スタッフが「こんにちは」としっかり挨拶されるところもあれば（介護中を除く）、すれ違っても知らん顔をしているようなホームもあります。その他、スタッフの服装が汚れていたり、スタッフ同士の会話が乱れていたり、入居者への態度が馴れ馴れしいというホームもあります。これは、スタッフ個人の資質ではなく、有料老人ホームのスタッフ教育が不十分で、経営者の理念が行き渡っていないという証拠です。

⑶入居者の服装・清潔度

すでに入居者が生活しているのであれば、その身だしなみや服装などもチェック項目の一つです。たとえば、日常の生活に介護が必要な高齢者の服装を見れば、着替えの介助などのサービスが行き届いているかをチェックする一つの目安になります。じろじろと入居者を見るのは失礼に当たりますが、サービスの基本ですから、「服装は清潔なものを着ているか」「髪は乱れたままになっていないか」「目やになどはついていないか」など、それとなく、しっかりチェックしてください。

⑷老人ホームの清潔度・雰囲気

有料老人ホームが清潔に保たれているか、掃除は行き届いているかということも、重要なポイントです。共用部分の備品や、介護スタッフルームが雑然としていないか、また、掲示物が曲がったり、落ちたりしていないかなど、整理整頓が行き届いているかをチェックします。

有料老人ホームのスタッフには、言われたことだけをするのではなく、入居者の小さな変化に気付くという資質が求められます。特に重度要介護の高齢者の場合、本人からの訴えは少なく、「今日は少し熱っぽい」「便の色が悪い」など、スタッフが小さな変化に自ら気づいて対応しなければなりません。カレンダーが2日前のままだったり、廊下の絵画が曲がったままになっているということは、残念ながら、入居者に対するサービスも、その程度だということになります。その他、採光や臭いなど、生活空間としての全体の雰囲気を確認することも必要です。

⑸ 建物や設備は本人に合っているか

初めての見学では、建物の豪華さ、居室の広さや景色などに目を奪われる人が多いのですが、実際は、入居者の生活レベルに、建物や設備が合っているのかを確認しなければいけません。これは「第4章1　身体の状況は」「第5章8　建物・設備を見る視点」で述べているように、現在、自立歩行しているのか、車椅子なのか、寝たきりなのかなどの入居者の生活レベルによって、チェックするポイントは違います。パンフレットや資料を見ただけではわかりませんから、入居者の状態をしっかり把握して、確認する必要があります。

チェックポイント……………………………………

○採光や臭いなど、生活空間として気になることはありませんでしたか？

◦ホーム内は、掃除が行き届き清潔に保たれていますか？
◦入居者の着衣や髪など、身だしなみに乱れはありませんか？
◦説明や質問の回答は美辞麗句ではなく、実績や事例にもとづくものですか？
◦説明担当者の言葉づかいや態度、服装などに乱れはないですか？
◦介護スタッフの言葉づかいや態度、服装などに乱れはないですか？
◦疑問や不安な点はすべて質問できましたか？

3　持って行くもの・もらうもの

▼契約関係書類は、契約書、重要事項説明書など四種類
▼決算書などの経営指標も、有料老人ホームの入居判断には不可欠

ここでは、有料老人ホームの見学の際に、有料老人ホーム側からもらうべき資料や、見学に持っていくと便利なものについて説明します。

(1) 見学時にもらうもの

基本的なものは、有料老人ホームの契約に関する書類ですが、一般的には、次にあげるよう

に入居契約書を含め四種類あります。有料老人ホームとの契約は、老人ホームと入居者との一般契約ですが、介護保険法上で介護保険サービの利用について別途契約を義務付けていることから、少し複雑になっています。それぞれ関係しており、重複する部分もありますが、その違いをしっかり理解して目を通す必要があります。

●契約に関する四つの書類

i　有料老人ホーム入居契約書
ii　有料老人ホーム管理規定（サービス一覧表をふくむ）
iii　重要事項説明書
iv　特定施設入居者生活介護利用契約書（介護付有料老人ホーム等の場合）

●その他資料

その他サービスの一覧表
食事のメニュー表
行事の予定表
老人ホーム発行の『ホームだより』等の広報紙
財務諸表・決算書などの経営指標

まず、「入居契約書」ですが、これは有料老人ホームに入居する際の基本となるもので、利用に関する全般的な権利義務関係を明らかにしたものです。入居者・身元引受人・入居一時金や、入居者が支払うべき月額費用、入居者が受けられるサービス内容などが示されています。

「重要事項説明書」は、入居契約に付随するもので、「事業主体」「土地・建物の所有者」「施設概要」「利用料」「サービス概要」「入居者状況」などが明記されており、その有料老人ホームの全体像がわかるようになっています。独自にインターネットで公開しているところや、都道府県や市町村が中心となって公開しているところもあります。

「管理規定」も、入居契約書に付随するものですが、契約では書ききれない老人ホーム側と入居者側の約束事や、有料老人ホームが行うサービス内容の詳細、サービスを受ける手続きや変更の方法、などが示されています。ですから、契約書類とは、入居契約書だけでなく、重要事項説明書、管理規定を含むものだと理解してください。

最後の「特定施設入居者生活介護利用契約書」とは、介護付有料老人ホームや外部サービス利用型有料老人ホームでの介護サービスの提供についての契約です。介護付有料老人ホームに入居しても要介護度が「自立」と判断されて介護サービスを受けない場合や、健康型・住宅型の有料老人ホームでは、この契約はありません。

最近では家族の誤解を避けるために、これらの契約書類をもとに説明を行う有料老人ホームが多いようです。他の有料老人ホームと比較する際の基本資料となりますから、疑問点はその場で確認し、後日読み返せるように必ずもらいましょう。

その他の資料として、述べたように決算書などの財務諸表は重要ですし、現在の入居者向けに、食事やレクリエーションなどの予定表、『有料老人ホームだより』などが発行されていれば、実際の生活がよくわかりますから、もらっておきましょう。

⑵ 見学時にもっていくもの

有料老人ホームの見学で、必ず持っていくもの、もって行くと便利なものは以下の通りです。

送られてきたパンフレット
チェックリスト（質問表）
筆記用具
カメラ
メジャー

事前に送られたパンフレットや質問事項をまとめたチェックリストは、必ず持っていきましょう。また見学中にメモをとる人は少ないのですが、説明内容や疑問点については、忘れないようにチェックする必要がありますから、筆記用具は必需品です。契約内容や重要事項に誤解があると後でトラブルになりますから、特に契約書や重要事項の説明においては、付随する事項や説明内容を書き込むといった作業は大切です。

写真は、入居者や他の家族に説明する場合に重要な資料となりますから、老人ホーム内だけでなく外観や周辺環境なども含めて撮影されればよいでしょう。ただし、説明担当者に許可を得てから撮影し、生活されている高齢者が写り込まないように配慮する必要があります。またメジャーは居室内の広さを計るのに必要になります。使い慣れたベッドやタンスが入るのかを確かめ、電気スイッチの高さや手すりの高さなどを測り、入居が決まってから「手が届かない・使いにくい」と言わなくてもよいように、しっかりと確認しておくことが必要です。

4　見学でやってはいけないこと

▼有料老人ホーム見学で、絶対にやってはいけない五つの注意

▼家族が見学するだけでなく、家族もホームから見られていることを忘れずに

有料老人ホームは、多くの入居者が実際に生活する場ですから、見学については、生活の迷惑にならないことはもちろん、プライバシーなどにも十分留意する必要があります。見学にあたって、注意しなければならないこと、してはいけないことについて確認します。

注意①――事前チェック・リサーチをせずに行く

有料老人ホーム見学に、事前チェック・リサーチは不可欠です。有料老人ホーム選びはほとんどの人にとって初めての経験ですから、基礎的な知識が全くありません。事前準備をしていないと、建物を見てパンフレットに書かれた有料老人ホーム側の説明を一方的に聞き、思いつきの質問をするだけでは、見学をする意味はほとんどありません。

注意②――予約せずに見学に行く

有料老人ホームに、予約や連絡をせずに、飛び込みで見学したいという人がいますが、基本的に受け付けてもらえません。思い立った程度で見学に行っても、しっかりした見学はできませんし、ゆっくりと話を聞くことも相談することもできません。多くの高齢者が実際に生活している自宅を見せてもらうのと同じですから、見学を行う際には、必ず事前に連絡して予約をすることは、最低限のマナーです。

注意③――大人数で見学に行く

家族や兄弟が多い場合は、見学に行きたいという希望者が増えます。しかし、すでに多くの高齢者が生活しているホームに見学に行く場合は、ガヤガヤと大人数で行くことは他の入居者に失礼ですから、５人以上の大人数で行くことは避けたほうがよいでしょう。ただし、第三者の意見も重要ですから、有意義な見学を行うためには２～３名で見学するのが理想だと言えます。有料老人ホームは生活スペースですから、大声で話したりせず、静かに見学しましょう。

注意④――勝手に見学する

見学者で最も困るのが、説明者から離れて勝手に行動したり、他の入居者の居室をのぞいたりする人です。居室は入居者それぞれのプライベートな空間ですから、勝手に開けたりのぞいたりすることは厳に慎まなければなりません。基本的に知らない人がホーム内を歩き回ることは、スタッフにとっても入居者にとっても気分のよいものではありませんし、防犯上も好ましいことではありません。見学中は、説明担当者から離れないようにし、見たい場所や確認したい場所があるときは、「入浴施設を見たい」「実際の生活を見たいのでどなたか部屋を見せていただけませんか」と、担当者の許可を求めるべきです。

注意⑤――許可なく写真をとる

多くの見学者が軽視してしまうことの一つに入居者のプライバシーがあります。入居者にはそれぞれの事情がありますから、有料老人ホームに入っていることを知られたくない人もいます。居室や雰囲気を伝えるために、老人ホーム内の写真を撮るのはかまわないと思いますが、事前に説明担当者に写真を撮ってよいか確認し、特に入居者の顔が入らないように配慮してください。また、知っている人や近所の高齢者が入居されていても、外でそのことを話すのはタブーです。

見学する家族の中には、「俺たちはお客だ！」と非常に横柄で、ホームの都合や入居者の都合など無視して、勝手な振る舞いをする人もいます。優良で人気のあるホームは、入居者本人だけでなく家族との関係も非常に重視しますから、このような態度では、それだけで入居を断られることもあります。見学にあたっては、しっかり聞きたいことを聞き、言いたいことを言えばよいのですが、入居者の生活に対しては十分に配慮することが必要です。

第7章 入居準備と契約

事前のチェックや見学を重ねて、理想の有料老人ホームを見つけることができれば、いよいよ契約・入居準備です。老人ホームへの入居は、ゴールではなく新しい生活の始まりです。この入居準備から入居後の3ヵ月は、有料老人ホームでの生活を豊かに過ごすためにも非常に重要な期間です。

有意義で豊かな有料老人ホームでの生活を送るためには、契約その他事務的な準備、引越しの準備、そして何よりも大切な心の準備を行わなければなりません。ここでは、有料老人ホームの入居にあたって、必要な準備のポイントについて、解説します。

1　体験入居を申し込む

▼入居したホームがあわないと、短期間で退居する人も多い
▼契約前の体験入居は、とても重要

気に入った有料老人ホームが見つかれば、いよいよ入居へ向けての準備です。実際のサービスを確認してもらうために、多くの有料老人ホームでは、実費をとって体験入居を実施しています。2～3日でも有料老人ホームでの生活が体験できれば、サービス内容を確認し、入居後の生活がイメージできます。

体験入居は、サービス内容や入居者がその生活に適応ができるかを、入居者本人が確かめるということが基本ですが、本人だけでは十分にチェックがむずかしいと思われる場合には、期間中は家族も老人ホームへ何度も訪れ、一緒に確認することが必要です。

体験入居する場合の、ポイントを挙げておきます。

(1) 食事やサービスを確認する

基本的に、一日三食とも、有料老人ホームから出された食事を食べることになります。食事が美味しくないと、生活の楽しみは半減してしまいますので、味付けが本人の口に合うか、ま

たご飯のやわらかさなど、本人の好みや嚥下機能に合わせてもらえるのかも、重要なポイントです。また、見学時と同じように、スタッフの態度や言葉づかい、老人ホーム全体の雰囲気を確認するとともに、入居者が毎日同じ服を着ていないか、下着などの洗濯はされているかなど、実際に行われているサービス内容もチェックしましょう。

(2) 部屋に閉じこもらない

せっかくの体験入居ですから、居室に閉じこもらずに、できるだけリビングや食堂に出て、他の入居者と話をしたり、ホームで行われるレクリエーションやイベントなどにも参加しましょう。無理に話しかけようと気負わなくても、リビングで本を読んだりテレビを見ているだけで、スタッフや入居者から話しかけてくれます。実際に生活している入居者からは、ホームでの生活について入居者の視点から話を聞くことができますし、介護スタッフがどのように介護を行っているのかを確認することもできます。

(3) 建物・設備を確認する

これから長期間その有料老人ホームで生活すると考えて、電気スイッチの位置や高さ、手すりの向きや高さ、トイレの手すりの位置や高さなど、居室内の設備は入居者の生活レベルに合っているかをチェックしましょう。また、手すりの高さや位置などが合わない場合は、変更してもらえるのか、別途費用はかかるのかも、あわせて確認しましょう。その他、ホーム内をできるだけ回り、エレベーターの使いやすさや、リビングまでの距離など、ホーム内の設備や備品も実際に触って確かめましょう。

(4) ケアプランを確認する

介護サービスが必要な場合は、短期間であっても、入居者に対する簡単なケアプラン（介護サービス計画）と、その実績表（実際にどのような介護を行ったか）が作成されます。これを見ると入居者に対してどのような介護サービスが提供されるのかがわかります。ケアプランが個々の入居者の生活レベルに合わせて計画されているか、また、その計画に合わせて実際に適切な介護サービスが提供されているのかを確認する必要があります。介護サービスは、有料老人ホームの質を計る大きな要素ですから、しっかりチェックしましょう。

(5) 疑問はすべて解決する

体験入居の最後にアンケートや面談の時間が取られますが、細かなことでもメモにとっておき、見学や体験入居の際に感じた疑問や、問題点、不満な点は、すべて老人ホームの担当者に伝えましょう。また、体験入居の初めの段階で気が付いたことは、その場で伝え、それがどのように改善されるのかをチェックしてもよいでしょう。疑問を持ったまま入居すると後で必ず後悔することになりますので、気がついたことはすべて伝えることが大切です。

有料老人ホームへの入居は、本人にとっては知らないところで生活するのですから、他の入居者とうまくやっていけるかなど、多くの不安がつきまといます。中には「本当はまだ迷っているけれど、家族が言うので仕方なく体験入居だけ……」のつもりが、実際に体験すると「イメージと違ってとても気に入った」という人も多いようです。体験入居は、サービスの最終確認だけでなく、入居者の安心のためにも、入居を決断するためにも非常に重要な体験です。不安を取り除くためにも、家族がしっかりサポートすることが必要です。また、体験入居にあたっては、健康診断書の提出を求めるところもありますので、事前に老人ホームに確認しましょう。

チェックポイント

- 疾病や嗜好に応じて、食事内容やかたさを変更してもらえますか？
- 用意されたケアプランや提供される介護サービスは満足できるものですか？
- スタッフのサービス提供態度や言葉づかいは、満足できるものですか？
- すでに生活されている入居者の中に溶け込めそうですか？

２　本人・家族の連携確認

▼豊かに有料老人ホーム生活を送るためには、本人の承諾と家族のサポートが不可欠

有料老人ホームの見学や体験入居が終わり、いよいよ入居契約を行うことになりますが、ここでもう一度確認しておきたいことがあります。それは本人の意思と、家族の連携・役割です。有料老人ホームのサービスやスタッフがどれだけ優秀であっても、スタッフが家族の代わりをすることはできません。

(1) 本人の意思確認

有料老人ホームでは、入居者が安心して生活できるように生活環境を整え、努力しています。しかし、そうであっても本人の意思に反して、いやいや有料老人ホームに入居するのであれば、楽しく豊かな生活が送れるとは思えません。

有料老人ホームで、安心して幸せな老後の生活を満喫するためには、本人が納得して入居することが不可欠です。そのサポートは家族にしかできません。

本人がどうしても入居を納得しない場合は、ゆっくりと考える時間をおくことも大切です。

感情的になりやすい問題ですが、「勝手にすればいい」と対立してしまえば先に進まなくなります。本人もこのままではいけないと頭ではわかっている場合も多いので、性急に事を運ばず、「家族はあなたのことを真剣に考えている」ということを、じっくりと伝えることが必要です。

⑵ 家族間の連携・役割確認

入居後の家族間での役割や連携についても、もう一度確認する必要があります。有料老人ホームで生活するようになっても金銭的な問題など、家族にしか対応できないことも多くあります し、要介護状態が重度になり本人の意思が不明瞭な場合は、細かなことでも家族に相談することになります。

入居後に最も困ることは、家族の中で、それぞれに意見が違うということです。有料老人ホームは、届出された身元引受人に対して相談や連絡を行います。一般的には２名の身元引受人が必要になりますので、事前に話し合って決めておく必要があります。特に金銭的な問題については、後々、家族の間でトラブルになりやすい問題です。月々の支払が不足する場合は誰が負担するのか、年金の口座や定期預金などの資産は誰が管理するのかなど、事前に家族の間で話し合っておきましょう。

その他、有料老人ホームへの訪問や、外出しての食事、家族宅での外泊などについても、話をしておくことをお奨めします。「時間があるときに、できるだけ顔を見に来よう」と言っていても、家族ごとにそれぞれ事情や生活がありますから、他の家族が行っているだろうと考え「気が付くと3ヵ月間だれも訪問していない」ということにもなりかねません。どんなに有料老人ホームの生活が快適なものであっても、家族の訪問は入居者にとって非常にうれしいものです。

しかし、残念ながら、家族間での連携がうまくいっていないというケースもたくさんあります。両親の介護問題や金銭的な問題で、感情的な対立から兄弟間で絶縁状態や裁判沙汰になっているということも珍しいことではありません。有料老人ホームが家族の問題やトラブルに立ち入ることはありませんが、大きなトラブルを回避するためにも、入居者の生活に直接関わるような問題については、入居にあたって内情を話して、理解を得ておいた方がよいでしょう。

3　契約・引越し準備

▼契約・引越し準備・行政手続きなど、思ったよりも大変
▼持って行くものは、入居者本人の気持ちを大切に

いよいよ有料老人ホームとの契約、そして入居への準備を始めます。ここでは、契約して入居が決まってから、準備しなければならないこと、考えなければならないことについて、項目を分けて解説します。

(1) 契約

有料老人ホームとの契約には、入居者の署名以外に、基本的に２人の身元引受人が必要です。この身元引受人は、名前だけのものではなく、入居者の支払債務などに連帯して責任を負い、退居する場合には本人の備品などの引受人としての義務を負います。その役割は大きなものですから、事前に契約書類を熟読するとともに、契約時には必ず立会い、もう一度契約内容を十分に確認して、署名をしてください。また、医師の健康診断書など入居時までに提出しなければならない書類や、入居一時金の支払方法、月額費用の支払方法、外出時や外泊時の連絡方法など、入居後の事務手続きなどが説明されますから、あわせてしっかりと確認してください。

(2) 入居日の決定

有料老人ホームの入居日は、実際に運営が始まっている有料老人ホームの場合は、ある程度融通がききますが、新設のホームの場合は、多くの方が一度に入居しますので、ホーム側から指定されることが多いようです。病院や老人保健施設に入院・入所中の場合は、その退院日の調整も必要となります。本人が納得し、希望した入居でも、最初の日は不安になりますので、家族もできるだけ予定を合わせてサポートすることが必要です。

(3) 行政などの手続き

行政などの手続きで考えなければならないものとして「住民票の変更手続き・年金の手続き・健康保険の手続き」などが考えられます。介護保険の保険者は市町村ですから、特に市町村を超えて有料老人ホームに入居する場合は注意が必要です。また、月額費用の支払方法が口座引落しになる場合は、金融機関で新しい口座を作ったり、年金の受取口座の変更が必要になるかもしれません。これは、入居者や家族の状況によって違ってきますので、他の入居者はどのようにしているのかをホームに確認して、参考にするとよいでしょう。ただし、それぞれに担当の役所が違いますので、手続きには時間がかかります。余裕をもって対応することが必要です。

(4) 引越しの準備

有料老人ホームの引越しにあたって、予想以上に大変な作業は「何を持っていくか」を決めることです。有料老人ホームの居室のスペースは限られていますので、これまでの生活用具をそのまますべて持っていくことはできません。入居者や家族の話を聞くとその整理をするのに、苦労されることが多いようです。

最低限必要なものについては、有料老人ホームから指示があります。実際に持っていくものは着替えなどの生活必需品が中心になりますが、生活小物はできるだけこれまでの生活で使い慣れたものを持っていくことをお奨めします。なかには、古くて格好が悪いと、有料老人ホームのスペースに合ったタンスやベッドなどを新しく買い換える人もいますが、自宅で使っていたものにはたくさんの思い出が刻まれていますし、使い慣れたもの以上に使いやすいものはありません。持っていく物の選定にあたっては、本人の意思をできるだけ尊重してください。

チェックポイント

- 入居までに必要な書類・手続きは、準備されましたか？
- 契約内容については、すべて理解できていますか？
- 何を持っていくのか、何が必要なのか整理はできていますか？

4　入居後の家族の役割

▼生活に慣れるまでの最初の3カ月は、特に重要

▼ホームとの信頼関係をつくり、不安な入居者のサポートを

入居は新しい生活へのスタートであって、ゴールではありません。本当に安心できる豊かな生活を送るのはこれからです。最後に、入居後の、家族の有料老人ホームとのかかわり方のポ

イントについて解説します。

(1) 最初の３ヵ月が重要

有料老人ホームでの生活は、これまでの生活と大きく違うことや、初めて出会う他の入居者との人間関係など、気を使うことも多く、本人が自覚していなくても、ストレスから食欲不振になったり、体調を崩し有料老人ホームの生活に合わないからと退居する人もいます。この期間は有料老人ホームサイドでも注意して、なるべく早く生活に慣れるように配慮していますが、家族も、本人が新しい生活に慣れるまで、できるだけ訪問し、外出して一緒に食事をしたりするなどの精神的なサポートが必要です。

「ホームの生活に慣れるまでなるべく訪問しない」という人がいますが、それは大きな間違いです。「家族がいつも心配してくれる」「家族がいつもそばにいてくれる」という気持ちが、入居者を安心させ、有料老人ホームでの新しい生活を支えるのです。最初の頃は、不安を口にされるかもしれませんが、生活にリズムができ、新しい友人や生きがいが見つかれば、ホームでの生活が安定してきます。最初の３ヵ月～半年が重要です。

(2) 老人ホームとの連携

入居後は、有料老人ホームと信頼関係を築いていくことが必要ですが、それは、ホーム側にすべて任せきりにするということではありません。特に介護サービスが必要な場合は、その入居者のケアプラン（介護サービス計画）を策定し、それに従って介護が進められることになりますので、そのプラン策定や変更については、家族の意見や希望を述べることが必要です。また、訪問時には、スタッフに本人の現在の状況や変化を確認したり、しばらく訪問できていない場合は、電話で状況を確認することも大切です。基本的には状況に大きな変化があれば、ホーム側から連絡が入りますが、友好な関係を築くためにも、普段から積極的に連携をとっておくことが必要です。

⑶ クレームになる前に希望を言おう

どんなに細心の注意を払って有料老人ホームを選んでも、また、そのホームを信頼していても、生活を続けていく上で、必ず問題や疑問点はでてきます。家族の中には、「一生懸命やってくれているのに文句を言えば悪い」「本人が後で嫌な思いをするのではないか」と躊躇され、胸にしまい込んでしまう人が多いようです。有料老人ホームは、一律のサービスを全入居者に提供している訳ではなく、それぞれ希望や歴史の違う個人の生活をサポートしているのですから、疑問や問題点は出てきて当然なのです。

たとえば「居室の掃除が行き届いていないのでは？」と感じられたとしましょう。入居者によっては、キチンと隅々まで掃除してほしい人と、あまり細かいところまでふれて欲しくない人、また、勝手に触られるのを嫌う人がいます。そこまで契約や入居時に決めることはできませんし、どうして欲しいかは、その時の状況や気分によっても変わってきます。

好みや考え方は人によって違いますから、その入居者に最適のサービスを提供するには、小さなことでも本人や家族から意見を言ってもらえないとわからないのです。よいサービス、よい有料老人ホームを作っていくためには、入居者・家族の意見が一番大切です。感情的なクレームになる前に、しっかりと希望や意見を伝えましょう。中には、対応できないものもあるかもしれませんが、家族とホームが連携して、より本人が暮らしやすい環境を作っていくという視点が必要なのです。

第8章　失敗の体験事例

有料老人ホームでは、さまざまなトラブルや問題が起こっています。事前にしっかりチェックしていれば、防げたトラブルも多いようです。ここでは、寄せられた相談の中から、これからの有料老人ホーム選びに参考となる事例をご紹介します。

1　クレームを遠慮して――入居後のサービスに対する意見・クレームは大切

入居者――義父（80歳）

義父は、ある日突然脳梗塞で倒れ、一命は取り留めたものの、退院後常時介護が必要な状態となりました。本人からの希望で私たちの家の近くにできた有料老人ホームに入居することとなりました。会社の役員をしていましたので、プライドも高く、他の入居者の方と仲良くできるか、非常に心配していましたが、思ったよりスムーズに溶け込んでいるように見えましたし、職員の介護やサービスにも特に問題はありませんでしたので、私も安心していました。

しかし、その翌年の4月に、その運営会社が新しいホームを開設されたことから職員の大幅な移動があり、新しい介護スタッフの方がたくさん入ってこられてから、以前と比べサービスの質が大きく変わってしまいました。全体的に入居者に対する言葉使いが荒くなり、汚れた衣服がそのままになっているなど、目に見えてサービスレベルが低下してきたのです。

施設長さんは、変わっていませんでしたし、信用していましたので、何度か伝えようと思ったのですが、「義父が嫌な思いをするかもしれない」「変なことをされたらどうしょう」と悩み、お世話になっているという思いからなかなか言い出せませんでした。週に2~3回は様子を見に行っていたのですが、「言えない・言わない」ことにストレスがたまっていきました。

しばらく、どうすればよいか悩んでいたのですが、個別の家族に対するケアプランの説明がありましたので、思い切って以前から勤めておられる担当の相談員の方に、自分の考えを伝えました。私の意見（クレーム）は、すぐに施設長に伝わり、二人で面談をする機会を設けていただき、なかなか言い出せなかったことも含めて、じっくりお話をすることができました。施設としても、以前と比較しサービスが安定していないことは感じておられたようです。新人が多くサービスが低下していたことに加え、私がなかなか言い出せなかったことに対しても（勝手に一人で悩んでいただけなのですが）、反省を述べられ、そして勇気を出して意見を述べたことに感謝の言葉をいただきました。

その後、少しずつですが、サービスは以前のよい状態になっていきましたし、当然嫌がらせなども全くありませんでした。逆にホームの職員さんとの距離が縮まり、「考えを伝えてよかった」と思っています。「クレームを言う」と思うと構えてしまいますが、利用者としての意見は、ホームの運営上も大切だと感じています。

私の体験は、ホーム全体の家族会で施設長からの要請で、すべての家族の前でお話をさせていただきました。義父は今でも、元気に暮らしていますが、これからも、ホームと一緒によいサービスを作っていこうと考えています。

コメント

気になることは、感情的なクレームになる前に、何でもホームに伝えましょう。

有料老人ホームのサービス向上には、家族の意見が不可欠です。

2　月額費用の誤解――価格をよく確認しないで入居してわだかまり

入居者――実母

一人暮らしをしていた田舎の母が要介護状態となり、入院していた病院から早期の退院を求められ、有料老人ホームへ入居を決めました。

母はある程度貯蓄を残していたために、貯金で入居一時金を支払ったのですが、長期入居になることを考えて、月額費用はできるだけ安いホームを探しました。特別養護老人ホームは、入居できないと言われ、少しあせっていたこともあり、「介護付です」という言葉に安心し、月額費用の内容まで詳細に検討することなく入居を決めたのですが、それが大きな間違いでした。

ホームのスタッフの人達も感じが良く、母もすぐに慣れたようでよいホームが見つかったと安心していたのですが、入居から一ヵ月後に送られてきた請求書を見てびっくりしました。月額費用17万円程度と書いてあったので、それですべてまかなえると思っていたのですが、実際は、介護保険の1割負担やオムツなどの日用品の実費、レクリエーションの費用などで、請求額は23万円以上でした。

当然、事前に資料をもらっていましたし、今から考えればそれぞれの金額は妥当なものなのですが、感情的にだまされたような気がして、ホームに対する不信感が一杯になりました。退居も考えたのですが、入居一時金を支払っていますし、母は気に入っているので、その苛立ちから、余計に腹立たしさが高まりました。母にも最初は17万円程度だと伝えてあり、年金で足りない分は私が払っていましたので、それを気にしてか、それ以降、レクリエーションなどのサービスを希望しなかったように思います。

母はその後、2年程度ホームで生活し、亡くなりましたが、サービス内容に不満や問題があった訳ではありませんし、スタッフの方々も良くやっていただいたと思っています。

しかし、それでも、私個人的には最後までホームに対するわだかまりは消えませんでした。当然、有料老人ホームの責任だけではなく、しっかりと確認しなかった自分自身に問題があることは、わかっています。ただ、金額的にも決して払えない額ではなく、最初から確認していれば、もっと気持ちよく、私もそして母もサービスを受けられたのにと、今でも残念で、母に申し訳なく思っています。

コメント

金銭的なトラブルは、よくあることですが、入居前の確認で回避できるものです。月額費用以外に、どの程度の費用が必要になるのか、必ず確認しましょう。

3　身体状況にフィットしない——麻痺のことまで考えれば良かった

入居者——実母（72歳）

母は、田舎で元気に暮らしていたのですが、2年ほど前に脳梗塞で倒れ、右半身に麻痺が残りました。リハビリの結果、なんとか自分で歩ける状態まで回復したのですが、田舎の家で一人暮らしはむずかしいため、介護付の有料老人ホームを探すことにしました。

私を含め3人の兄弟姉妹は、田舎を離れて東京近郊に暮らしていますので、それぞれの兄弟の住まいから近い場所にある有料老人ホームを選び出し、兄弟で10ホーム以上、見学に行きました。その結果、選んだ現在のホームに母も喜んでくれていますし、サービス内容も金額的にも、満足できるホームを選ぶことができました。

同世代の友人から、有料老人ホームのトラブルの話を良く聞きますが、スタッフの方々の感じも良く、他の入居者の方とも仲良くしており、大変満足しているのですが、一つだけ「失敗した」と思っていることがあります。それは、体の麻痺のことです。

母は、体の右半身に麻痺があるので、居室のドア（引き戸）を右から左に開けるほうが開けやすく、また、ベッドの位置も現在と反対向きの方が使いやすいようなのです。リハビリの学校に行っている甥から言われて初めて気がつきました。残念ながら、そういったことは3人とも、選ぶときに全く考え付かず、一番景色のよい部屋（といってもそんなに変わらないのですが）を選んでいました。

今は、まだそんなに大きな問題ではないのですが、最近、少しふらつくようになってきましたので、将来的に体力が今以上に低下し、車椅子での生活となった場合、ベッドからの乗り降りやドアの開閉が、大変になるだろうと予測しています。担当のスタッフの方に相談すると、施設長さんから、将来的に反対向きの部屋の住み替えを提案していただきましたが、母は、同じ居住グループ（ユニット）の中に、仲良しの友達がいるからと、消極的です。

他のことについては、満足しているので、そのことだけが、余計に気になるのかもしれませんが、これから選ばれる方の参考になればと思っています。

コメント

人によって、麻痺や体の状態は違いますから、理学療法士、作業療法士などの専門スタッフやリハビリ機能のある病院で確認すれば、専門的な見地から教えてもらえます。

4　病院の相談員に紹介されて入居したが――サービスに不満で他のホームに転出

入居者――義父（75歳）

義理の父が、脳梗塞で倒れ、リハビリを含めて2ヵ月程度入院していたのですが、治療も終わったため病院から退院を求められました。私たち夫婦も会社を営んでおり多忙なことや、義母一人では介護がむずかしいことから、退院後は有料老人ホームへの入居を考えていました。

病院の相談員から、病院の近くに新しく介護付有料老人ホームができたので、紹介をしてくれるという話があり、仕事が忙しかったことや、探し方がわからなかったこともあり、紹介を受けてその有料老人ホームの話を聴きに行きました。退院の期日も迫っていましたし、専門家からの紹介だということに安心して、その有料老人ホームに決めました。

ホームへは、義母と妻が中心に、週に2～3回は、行っていましたが、入居から2ヵ月ほどして、妻から「父を他のホームに移したい」という相談を受けました。父は車椅子の生活で他の入居者の方よりも重度の介護が必要なのですが、昼食後に行っても、一人でポツンと食堂に残されたままで、同じ服を着ていることが多いなど、十分な介護サービスが行われていないというのです。

その問題について、施設長にも直接話をし、「調査し改善します」とは言われたものの、新しいホームでスタッフが慣れていないなどの言い訳に終始され、その後２週間待ちましたが、何の報告も連絡もありませんでした。そう思って見ると、スタッフ同士の言葉遣いや入居者に対する態度も悪く、こんなホームに入れてしまったことを心から後悔しました。お金はかなり無駄になりましたが、退居し、妻や義母と一緒に別の有料老人ホームを探し、移転しました。

あまりにも腹立たしかったので、病院にも話をしに行くと、紹介してくれた相談員は、すでに退職しており、また、有料老人ホームの紹介には病院は関与していないとの事でした。高齢者を抱えた家族は、専門的な知識がないために、相談員などの専門職に頼ることが多いのですが、あまりにいい加減な対応に、いまだに怒りが消えません。

コメント

相談員や紹介者に、紹介料を支払っているホームもあります。紹介や評判も大切な情報の一つですが、最終的には自分で選ぶことです。

おわりに

私が顧問をしている、有料老人ホーム総合情報提供サイト「お探し介護」には、老人ホームを探している家族の方からさまざまなご相談が寄せられます。その中で多いのは、「良い有料老人ホームを教えてほしい」というものです。

有料老人ホームの経営者の方からも、入居者を紹介してほしいという依頼は多いのですが、私たちはあえて、個別のホームを直接紹介することは行っていません。それは、有料老人ホーム選びの過程の中にこそ、有料老人ホームとの信頼関係・家族の絆が生まれると考えているからです。

介護サービスが社会化され利用しやすくなっても、有料老人ホームというサービスは、新しいマンションや車を買うように、積極的に楽しい気分だけで探すわけではありません。現状にも将来にも不安がなく、安心して暮らしていけるのであれば、自宅で暮らしたいと考える人は多いでしょう。「老人ホームの方が快適で気楽」という意見は増えていますが、それでも入居者本人には不安があり、探す家族にも心残りはあるはずです。

有料老人ホーム選びは、ほとんどの家族にとって初めての経験ですから、「よくわからない」というところから始まります。その中で、入居者本人の希望や不安をしっかり見つめ、そして、いくつものホームを回ってスタッフと話し、それぞれの悩みや不安を相談するなかで、「このホームなら安心できる」という信頼関係が生まれてくるのです。

「どうすれば入居者に喜んでもらえるだろう」「どうすれば家族に安心してもらえるだろう」と、一生懸命にサービス向上に取り組んでいるホームはたくさんあります。「介護は福祉」という時代は終わりました。しかし、時代が変わり、制度が変化しても、人が人に行う介護サービスの基本はホスピタリティだということは変わりません。

また、一緒に生活をしなくても、家族の役割やその絆は変わりません。入居者本人と家族が、一緒にこれからの理想の生活を探すということは、良い有料老人ホームを選ぶというだけではなく、その後のホームでの生活にとっても非常に重要なことなのです。

私が、高齢者介護の仕事を始めてから、もう12年以上の月日が経ちます。そのなかで、たくさんの人と出会い、そして見送ってきました。寝たきりや認知症になっても、一人ひとりの高齢者にはそれぞれの人生や歴史があります。頑固一徹で、無口だけどとても優しい元大工のおじいさん。とてもオシャレでバレンタイン・デーにチョコレートをくれた元デザイナーのおばあさん。今でもたくさんの入居者のことを覚えています。怒鳴られたことも、一緒に泣いたことも数えられませんし、生き方や人生哲学も、たくさん教えてもらいました。

有料老人ホームには、新しい出会い、新しい楽しみ、新しい発見がたくさんあります。
この本が、入居されるご本人、そして、ご家族にとって、豊かで新しい生活の第一歩となることを、心から祈っています。

この書籍は、「お探し介護」に提供しているコラムや、その中でいただいたご相談を加筆修正し、まとめたものです。最後になりましたが、出版を快諾いただいた㈱ＯＳＴの大島社長、また、出版の機会を与えていただいた花伝社の平田社長、さまざまなご指導をいただいた柴田編集長には大変お世話になりました。心からお礼を申し上げます。ありがとうございました。

２００６年３月

濱田　孝一

濱田孝一（はまだ　こういち）
1967年生まれ。90年立命館大学経済学部卒業。旧第一勧業銀行に入社。
その後、介護スタッフ、社会福祉法人マネージャーを経て、2002年ウィルステージ設立。現在同社顧問。有料老人ホーム総合情報サイト「お探し介護」顧問。
社会福祉士・ケアマネージャー・ファイナンシャルプランナー

著書『失敗しない有料老人ホームの事業戦略』（株）ヒューマンヘルスケアシステム、2005年

家族のための有料老人ホーム基礎講座

2006年3月22日　初版第1刷発行

著者 ―― 濱田孝一
発行者 ―― 平田　勝
発行 ―― 花伝社
発売 ―― 共栄書房
〒101-0065　東京都千代田区西神田2-7-6 川合ビル
電話　03-3263-3813
FAX　03-3239-8272
E-mail　kadensha@muf.biglobe.ne.jp
URL　http://www1.biz.biglobe.ne.jp/~kadensha
振替 ―― 00140-6-59661
装幀 ―― 渡辺美知子
イラスト ―― 遠藤由紀
印刷・製本　株式会社シナノ

ISBN4-7634-0460-1 C0036